AF509449

L E
DROIT PUBLIC
DE L'EUROPE.

LE
DROIT PUBLIC
DE L'EUROPE,

FONDE' SUR LES TRAITEZ
conclus jufqu'en l'année 1740.

TOME PREMIER.

M DCC. XLVI.

AVERTISSEMENT.

TOUT le monde sçait que les Traités sont les Archives des Nations, qu'ils renferment les titres de tous les Peuples, les engagemens réciproques qui les lient, les loix qu'ils se sont imposés, les droits qu'ils ont acquis ou perdus. Il est, si je ne me trompe, peu d'objets aussi intéressans ; il en est peu cependant dont la connoissance soit plus négligée. Comme si l'on devoit moins aimer à connoître les conditions dont deux Etats sont convenus, qu'à sçavoir les détails de leurs guerres, nos Historiens glissent rapidement sur les Traités ; ils sont d'autant moins pardonnables, qu'ils n'ignorent pas combien

peu de perſonnes ſont aſſez cou-
rageuſes pour réparér leur faute,
en oſant affronter la lecture de
nos Corps diplomatiques.

J'ai cru rendre un ſervice important au Public, en lui donnant une analyſe exacte de tous
les Traités qui ont aujourd'hui
force de Loi en Europe. Si je
m'étois borné à ne raſſembler
que les articles qui ſont en vigueur, mon travail n'auroit été
utile qu'aux perſonnes déja inſtruites de la ſuite de toutes les
Négociations, & j'aurois perdu
l'avantage d'offrir un tableau
des divers intérêts politiques qui
ont remué l'Europe depuis un
ſiécle.

Je ne parle point de l'ordre
dans lequel j'ai diſtribué les ma-
tieres que je devois traiter; le
Public m'apprendra ce que je
dois en penſer. C'eſt auſſi à lui

de juger ſi par les réflexions &
les remarques que j'ai répanduës
dans mes extraits, j'ai atteint au
but que je devois me propoſer.
Ce but eſt de rappeller dans la
mémoire de mes Lecteurs des
faits qu'ils peuvent avoir oubliés, d'être de quelque ſecours
aux perſonnes qui ſe deſtinent
aux affaires, en faiſant remarquer les écüeils contre leſquels
de grands Miniſtres ont échoüé ;
& d'éclaircir quelques queſtions
relatives à l'art de contracter.

Il n'y a que très-peu de Traités antérieurs à la Paix de Weſtphalie, qui puiſſent avoir aujourd'hui quelque influence dans
les affaires. On ſera convaincu
de cette vérité, ſi l'on fait attention à cette foule d'évenemens,
qui depuis un ſiécle, ont changé
la ſituation politique de l'Europe. De nouveaux intérêts ont

exigé de la part des Princes de nouveaux engagemens, & ceux-ci ont détruit les anciens. Je ne parlerai donc de quelques Traités qui ont précedé ceux de Munster & d'Osnabruch, que quand ils auront été maintenus en vigueur par quelque clause particuliere.

TABLE
DES MATIERES

Contenuës dans le premier Volume,
avec un Catalogue des Traités,
Conventions, Actes, &c. qui y
font cités.

CHAPITRE I.

CHAPITRE II.

CHAPITRE III.

Traités particuliers conclus entre les différentes Puissances de l'Europe, depuis la Pacification de Westphalie jusqu'à la guerre de 1701.

CHAPITRE IV.

CHAPITRE VI.

Fin de la Table.

LE

LE

DROIT PUBLIC

DE L'EUROPE,

FONDE' SUR LES TRAITEZ
conclus jusqu'en l'année 1740.

CHAPITRE PREMIER.

Paix de Westphalie & des Pyrénées.

ÈS que les opinions de Luther eurent fait de certains progrès en Allemagne , il fut aisé de juger que le zele des Catholiques & l'ambition des Novateurs troubleroient le repos de l'Empire. Ceux-ci las de faire inutilement des remontrances , des plaintes & des demandes, quand ils pouvoient

<table>
<tr><td>Tome I.</td><td>A</td></tr>
</table>

former une armée, conclurent à Smal-cade une ligue de confédération ; mais leurs armes ne furent pas heureufes. La bataille de Muhlberg & la prifon de l'Electeur de Saxe & du Land-grave de Heffe-Caffel auroient ruiné le Parti Proteftant, fi le courage de Maurice de Saxe n'avoit fait renaître fes efpérances, & que la France n'eût été forcée de fufciter des ennemis à la Maifon d'Autriche qui cherchoit à l'accabler. Les maux qu'on éprou-voit, & la crainte de ceux aufquels on touchoit, rapprocherent les efprits. La paix publique, ou tranfaction de Paffau, fut fignée le 2. Août 1552. & trois ans après, la paix de Religion concluë à Aufbourg, défendit aux deux Partis de fe nuire, & permit aux Allemands la liberté de confcience.

Les Catholiques crurent avoir trop perdu ; les Proteftans ne penferent pas avoir affez acquis, ou du moins ne trouverent point leurs droits affez fo-lidement affermis. Les foupçons nour-riffoient l'aigreur, & dans cette dif-pofition des efprits il étoit d'autant plus difficile que les conventions de Paſſau & d'Auſbourg fuſſent reſpec-tées, que la maiſon d'Autriche à la fois Catholique par principes de poli-tique & de Religion, ſouffloit elle-même le feu des guerres civiles. Char-lequint forma le projet ambitieux d'aſ-ſervir l'Empire, les forces lui en paru-rent redoutables, il ſongea à les divi-ſer, & même à les ruiner en armant les Princes du Corps Germanique les uns contre les autres. A ſon exemple ſes Succeſſeurs regarderent toujours les troubles d'Allemagne comme fa-vorables à leurs vûës d'agrandiſſe-ment, mais moins habiles en faiſant joüer les reſſorts de la même politi-que, ils n'en retirerent pas les mêmes avantages.

Ferdinand II. vit la Boheme ſe ſoulever contre lui, & les Proteſtans de l'Empire en appuyant la révolte de ce Royaume, avertirent les Ca-tholiques de s'armer en faveur de ſon légitime Maître. Ce Prince ſecondé des forces les plus conſidérables du Corps Germanique, vint à bout d'ex-

terminer le parti de Frederic V. Electeur Palatin, que les Rebelles de
Boheme avoient placé fur leur trône.
Le triomphe de la Religion n'étoit
point le principal, ou du moins l'uni-
que objet de Ferdinand, & dans fa
profpérité il n'oublia pas les intérêts
de fa Couronne. Il profita adroite-
ment du zele indifcret des Catholiques qui fe croyoient tout permis ou
pour perdre les Novateurs, ou pour
ne pas fe défaifir de leurs dépoüilles ;
& à la faveur des haines qui divifoient
l'Empire, il commença à y exercer
un pouvoir arbitraire.

L'Allemagne étoit prête à fuccomber, & la perte de fa liberté auroit
rendu facile à la Maifon d'Autriche
l'exécution de fes projets, lorfque Guftave Adolphe, qui venoit de conclure
une treve de fix ans avec la Pologne,
(15. *Septembre* 1629.) fentit à la
fois combien il lui importoit de fe
faire un établiffement dans l'Empire
pour avoir plus de confidération dans
l'Europe, & combien les circonftances lui étoient favorables. Ce Prince

né avec les qualités rarement unies qui font le grand Roi & le Heros, avoit une armée digne de lui. Le Cardinal de Richelieu qui le regardoit comme un inftrument dont fa politique alloit fe fervir pour abaiffer la Maifon d'Autriche, lui promit des fubfides & agrandit fes efpérances en flatant fon ambition. Les Princes Proteftans d'Allemagne lui adrefferent en même temps leurs plaintes; le joug qu'ils portoient, commençoit à être trop pefant pour qu'ils puffent le fecoüer fans un fecours étranger, & en l'appellant, ils lui promirent d'unir leurs forces aux fiennes. Guftave entra donc fur les terres de l'Empire en fe déclarant fon protecteur & le vengeur de fes loix. Ce fut dans l'Ifle de Rugen, où il defcendit le 24. Juin 1630. que commencerent les premieres hoftilités; cinq jours apres il paffa dans l'Ifle d'Ufedon.

Cette guerre eft une des plus célébres qu'il y ait eu en Europe. Quelle foule de guerriers s'y rendirent illuftres! Guftave, Weimart, Horn, Ban-

nier, Tortenſon, Maximilien de Baviere, Tilly, Valſtein, Picolomini,
Mercy, Guebriant, Gaſſion, Condé,
Turenne, &c. Mais ce qui la rend encore plus mémorable, c’eſt qu’enfin,
comme tout le monde le ſçait, preſque toute l’Europe y prit part; qu’elle
donna, du moins pour un temps, des
bornes à la puiſſance des Princes Autrichiens; & que la paix qui la termina, changea les intéreſts de toute la
Chrétienté, & a ſervi de baſe à tous
les Traités poſtérieurs.

Peut-être que le Cardinal de Richelieu auroit prévenu cet incendie
général, ſi ne ſe contentant pas de
payer de ſimples ſubſides à la Suede,
il eût déclaré la guerre à Ferdinand,
dans le temps que Guſtave répandoit
la terreur dans le ſein de l’Allemagne;
ou que du moins il n’eût pas attendu à
prendre cette réſolution que la bataille de Nortlingue eût ruiné les affaires des Suédois. Cette conduite auroit impoſé à la Cour d’Eſpagne, &
l’Empereur ſe ſeroit vû obligé de recevoir la loi du vainqueur : au lieu

que ce Prince ayant recouvré une efpece de fupériorité après avoir touché
au moment de fa ruine , il devenoit
plus difficile de le contraindre à demander la paix , & à renoncer aux
idées vaftes des Princes de fa Maifon.

La guerre continua avec vivacité ,
& pendant plufieurs années les Puiffances ennemies furent trop animées
les unes contre les autres pour fentir
combien elles achetoient cherement
la gloire de vaincre ou de montrer de
la fermeté dans les revers. Ce ne fut
en quelque forte que malgré elles ,
qu'elles fignerent à Hambourg le 25
Décembre 1641 , les articles préliminaires de la paix. Les conférences
devoient commencer le 25 Mars de
l'année fuivante ; l'ouverture en fut
cependant différée jufqu'au 10 Juillet
1643 , & la paix après cinq années
de négociation ne fut concluë qu'en
1648.

Les Catholiques étoient affemblés
à Munfter , & les Proteftans à Ofna-
bruch. Tout fe traita d'abord dans ces
Congrès avec une extrême lenteur.

Les Plénipotentiaires s'examinoient & se tâtoient mutuellement : chacun d'eux craignoit que son adversaire ne se prévalût de ses avances, & même de sa facilité à écouter les premieres propositions. De-là ces difficultés sans nombre qu'on opposoit aux ouvertures les plus simples. Ce n'est pas cependant à cette conduite seule qu'il faut attribuer la longueur de la négociation de Westphalie. Il s'agissoit de débroüiller un cahos immense d'intérêts opposés ; d'enlever à la Maison d'Autriche des Provinces entieres ; de rétablir les loix & la liberté de l'Empire opprimé, & de porter en quelque sorte des mains profanes à l'encensoir, en enrichissant les Protestans aux dépens des Catholiques, pour établir entr'eux une espece d'équilibre.

Tant que la guerre laissa à la Cour de Vienne quelque légere espérance de succès, les conditions nécessaires pour affermir la tranquillité publique, parurent impraticables. Bientôt la paix même ne fut plus le premier objet des Négociateurs. Les Miniſtres de l'Empereur ne ſongerent qu'à ſéparer d'intérêt la France, la Suede, & le Corps Germanique. A leur exemple l'Eſpagne ne tendit par toutes ſes dé-marches qu'à débaucher les Provin-ces-Unies de l'alliance des François. Rien ne fut oublié de tout ce que la politique la plus adroite & la plus ſubtile peut employer pour faire naî-tre des ſoupçons & des craintes. Enfin il ne fut plus permis de compter ſur une paix générale. Il eſt vrai que la France & la Suede furent toujours fidellement attachées aux engagemens réciproques qu'elles avoient pris. Cha-cune de ces Puiſſances ſentit que l'a-vantage qu'elle pourroit retirer d'un accommodement particulier, ne ſe-roit qu'un avantage faux & paſſager. Ce qui contribua encore à leur union, c'eſt que les Princes de la Ligue Ca-tholique ſe ſéparoient inſenſiblement de l'Empereur dont ils ſentoient la foibleſſe, pour chercher dans ſes en-nemis une protection plus utile. Mais les Provinces - Unies guidées par le même principe d'intérêt, eurent une conduite toute différente ; elles se détacherent des François, & signerent leur paix particuliere le 30 Janvier 1648. Dès-lors l'Espagne se crut trop sure d'humilier la France pour consentir aux cessions qu'on exigeoit d'elle.

L'infidélité des Provinces - Unies excita des plaintes de tout côté ; mais la reconnoissance que cette République devoit à la France, & sur laquelle les Ministres de cette Couronne compterent trop, pouvoit - elle contrebalancer ses intérêts ? Les Espagnols lui accordoient toutes ses demandes ; elle n'avoit rien à espérer en continuant la guerre, & après tout quelques revers pouvoient la priver des avantages qu'elle avoit acquis. D'ailleurs la France par ses propres bienfaits s'étoit rendu redoutable aux Etats Généraux. Ils craignirent ses succès & son voisinage, & commençoient à sentir que l'Espagne n'étoit plus cette Puissance qui avoit fait trembler ses voisins sous les regnes de Charlequint & de son fils.

La paix de l'Empire avec la France & la Suede fut signée le 28 Octobre 1648 : & en consequence de la convention de Nuremberg du 30 Juillet 1650, Octave Piccolomini d'Arragon, & Charles Gustave, Prince Palatin, Généraux des Armées Imperiales & Suedoises, furent chargés d'en faire exécuter fidellement tous les articles.

Il étoit à craindre que la guerre qui alloit continuer avec plus de chaleur que jamais entre les Cours de France & de Madrid, ne rendît inutile tout ce qu'on avoit fait pendant cinq ans de négociation, & n'excitât un second embrasement dans toute l'Europe. C'est pour prévenir ce malheur, que les Plenipotentiaires de France, (*art. 3, 4 & 5 du Traité de Munster*,) exigerent que l'Empereur & l'Empire s'engageassent à ne donner pendant le reste de la guerre aucun secours direct ni indirect au Roy d'Espagne, quoique ce Prince fût membre du Corps Germanique, par le Cercle de Bourgogne ; & de ne

point prendre les armes pour terminer
les contestations qui pourroient s'é-
lever au sujet de la Lorraine. La
France ne négligea rien pour assurer
l'exécution de ces importans articles :
elle négocia avec succès auprès des
Princes les plus puissans de l'Empire,
& elle exigea leur garantie par des
Traités de ligue & d'alliance, qui furent encore renouvellés plusieurs fois
après la conclusion de la paix des Pyrénées.

Les troubles domestiques qui commencerent en 1648 à agiter la mi-
norité de Loüis XIV. n'empêcherent
point les François de conserver l'as-
cendant qu'ils avoient pris sur les Espagnols, depuis la bataille de Rocroy.
Si la Cour de Madrid vit évanoüir les
esperances qui l'avoient renduë si
fiere à Munster, la France qui sentoit
son épuisement, étoit lasse de ses
triomphes. On convint enfin d'une suspension d'armes, & elle fut signée à
Paris le 7 May 1659. Cet empresse-
ment du Cardinal Mazarin à faire
cesser les hostilités, sur de simples

préliminaires, ne fut pas approuvé de tout le monde. Depuis le commencement de la guerre, la France n'avoit point encore eu d'aussi grands succès, & bien des François croyoient que c'étoit les rendre inutiles que de conclure la paix. Les uns, ignorant sans doute combien il est dangereux de changer la crainte de son ennemi en désespoir, vouloient qu'on accablât les Espagnols : les autres plus sages souhaitoient qu'on eût encore traité de la paix les armes à la main, pour rendre plus courtes & plus aisées les négociations définitives. Mais la situation des affaires, &, comme je viens de le faire voir, la disposition des esprits ne rendoient point alors nécessaire la conduite qu'on avoit tenuë pendant les Congrès de Westphalie. Le Cardinal Mazarin & D. Loüis de Haro se rendirent sur la frontiere des deux Royaumes ; & après vingt-quatre Conferences, la paix fut concluë le 7 Novembre 1659 dans l'Isle des Faisans, sur la riviere de Bidassoa.

Le Cardinal Mazarin nous a laissé

dans ſes Lettres un détail curieux &
circonſtancié de cette négociation.
D. Loüis de Haro n'avoit preſque
aucune connoiſſance des affaires de
l'Europe. Naturellement foible, ti-
mide & irréſolu, il ne s'étoit fait aucun principe fixe & certain auquel il
rapportât toutes ſes démarches. Mazarin au contraire avoit toutes les qualités qu'on peut deſirer dans un négo-
ciateur. Inſtruit à fond de toutes les
affaires de l'Europe, il n'ignoroit rien
de ce qui pouvoit regarder les interêts
reſpectifs de ſon Maître & de l'Eſpagne. Tout le monde ſçait avec
quelle ſoupleſſe ce Miniſtre ſçavoit ſe
replier, & quelle abondance de reſſources ſon génie lui fourniſſoit dans
une négociation. Ces qualités lui furent inutiles dans les Conferences des
Pyrénées : il ne trouva, à proprement
parler, d'autres difficultés à
ſurmonter, que l'irréſolution de D.
Loüis de Haro qu'il falloit bruſquer,
& ſa vanité qu'il falloit ménager.

FRANCE.

L'Empereur & l'Empire cedent au Roy de France, pour être réunis à fa Couronne, tous leurs droits fur les Villes & Evêchés de Metz, Toul & Verdun, & fur leurs dépendances, dont Moyenvic, qui eft nommément exprimé, fait partie. Le droit de Métropolitain appartenant à l'Archevêque de Treves, lui fera confervé dans toute fon étenduë. *T. de Munfter entre la France & l'Empire, art.* 70.

L'Empereur, pour lui & pour fa maifon, & l'Empire cedent à la France la Ville de Brifac, & les Villages de Hoolftat, Niederrimfing, Harten & Acharren qui en dépendent. Elle les poffedera en toute fouveraineté, de même que la Haute & Baffe Alface, le Zuntgau, & la préfecture des dix Villes Imperiales, avec leurs dépendances. Ces pays feront incorporés à perpetuité au Royaume de France, à la charge d'y maintenir la Religion Catholique dans le même état qu'elle y étoit sous les Princes de la Maison d'Autriche. L'Empereur, l'Empire, & l'Archiduc Ferdinand Charles délient tous les Sujets de ces Provinces cedées, du serment de fidelité ; dérogent à tous & chacun des Decrets, Constitutions, &c. qui défendent l'aliénation des droits & des biens de l'Empire. Dans la prochaine Diéte, on ratifiera de nouveau cette aliénation ; & quelque pacte ou proposition qu'il puisse se faire dans l'Empire d'en recouvrer les biens & les droits, jamais on n'entendra parler de la presente aliénation. *T. de M. art. 73 & suiv.*

Après ce qu'on vient de voir au sujet de la cession de l'Alsace, on est étonné de trouver dans l'article 88 que tous les Etats, Ordres, Villes & Gentilshommes d'Alsace, qui relevoient immediatement de l'Empire, conserveront leur immediateté, & que le Roy très-Chrétien ne s'arrogera sur les Villes de la Préfecture que le simple droit de protection qui appartenoit à la Maison d'Autriche. Il

est

est évident, comme l'a remarqué le P. Bougeant dans son Histoire de la paix de Westphalie, que cette clause n'a été mise ici que pour calmer les craintes d'une Province que l'Empire détachoit de son Corps. Cette clause qui auroit pû affoiblir la force des articles précedens, ou du moins être une source de divisions & de querelles, si on n'y avoit ajouté aucun correctif, est nulle par elle-même ; puisque l'Empereur & l'Empire la terminent en déclarant qu'ils n'entendent point déroger au droit de souverain Domaine qui a été accordé plus haut à la France.

Il étoit naturel que les Etats immediats qui font situés en Alface, vouluffent faire valoir ce que l'article 88 du Traité de Munster contenoit de favorable pour eux. Mais devoit-on s'attendre que les Ministres de l'Empereur Leopold au Congrès de Nimegue, fongeaffent à remettre fur le tapis l'affaire de l'Alface ? N'ayant pû recevoir aucune satisfaction des Plenipotentiaires François, qui refu-

ferent conſtamment d'entamer même
cette queſtión, ils firent une proteſtation, ſoit qu'ils cruſſent par-là mettre à couvert les prétentions de l'Empire, ou qu'ils vouluſſent ſeulement ne
conſerver à leur Maître qu'un droit
de chicanne, que la politique regarde
quelquefois comme un avantage réel
& ſolide.

Cette affaire n'a été entierement
terminée qu'en 1697. Voyez plus bas
le Chapitre de la Pacification de Ryſ-
wik.

On raſera les fortifications de Ben-
feld , du Fort de Rhinau , de Saverne, du Château de Hohenbar, &
de Neubourg ſur le Rhin ; on ne
pourra mettre garniſon dans aucune
de ces Places. Saverne gardera une
exacte neutralité, & donnera un paſſage libre aux troupes de France
toutes les fois qu'elle en ſera requiſe.
T. de M. art. 81 *&* 82. Aux expreſſions dont on ſe ſert dans cet article, on ſent aiſément que l'Empire
n'a voulu que ménager la délicateſſe
des Magiſtrats & des habitans de Sa-

verne, en cedant leur Ville au Roy de France.

Ce Prince mettra garnison dans le Château de Philisbourg. On lui donnera libre passage pour y envoyer ses troupes, & des munitions; mais il ne prétendra autre chose que le droit de protection sur cette place. La propriété, la jurisdiction, les émolumens, les fruits, &c. appartiendront toujours à l'Evêque & au Chapitre de Spire. *T. de M. art.* 76 & 77.

L'Empereur & l'Empire cedent à la France tous les droits de souveraineté & autres, qu'ils ont & peuvent avoir sur Pignerol. *T. de M. art.* 72. Voyez plus bas l'article de la Maison de Savoye.

La France restera en possession de tout l'Artois, à la réserve des Villes d'Aire & de S. Omer, & de leur Bailliage. *T. des Pyrénées, art.* 35 & 41. Elle possedera en Flandre, Gravelines, les Forts Philippe, l'Ecluse, Hannuin, Bourbourg, S. Venant, & leurs appartenances; *T. des*

P. art. 36 & 41. Dans le Comté de Hainault, Landrecy, le Quesnoy, & tout ce qui en dépend ; dans le Duché de Luxembourg, Thionville, Montmedy, Damvillers, Ivoy, Chavancy-le-Chasteau, & Marville, avec leurs dépendances. *T. des P. art. 37, 38 & 41.*

En échange de la Bassée & de Berg S. Vinox, que la France restituera aux Espagnols, elle occupera Marienbourg, Philippeville, & tout ce qui est de leur district. Avennes sera donnée au Roy très-Chrétien, avec le droit de souveraineté sur le territoire qui en dépend ; la Cour de Madrid se chargeant de dédommager le Prince de Chimay des droits, rentes, jurisdiction, &c. qu'il a dans cette Place. Elle s'engage encore à ne construire aucune nouvelle forteresse qui puisse couper ou embarrasser la communication de ces Places entr'elles, ou avec la France. *T. des P. art. 39, 40, 41 & 53.*

Le Roy de France demeurera en possession, & joüira de tous les pays qui font en deçà des Pyrénées ; & le Roy d'Efpagne de ceux qui font au revers de ces Montagnes. *T. des P. art. 42 ; & Convention du 12 Décembre 1660, paffée entre les deux Puiffances en exécution du Traité des Pyrénées.*

L'Efpagne renonce à tous fes droits prefens & à venir fur les Domaines cedés à la France par le Traité de Munfter, & fur le Comté de Ferrete. *T. des P. art. 61.* Ce Comté ne fut donné à la France que le 16. Décembre 1660, par un Traité conclu à Paris entre Loüis X I V. & Ferdinand Charles, Archiduc d'Infpruk, & confirmé le 4 Juin 1663 par Sigifmond-François, Archiduc d'Infpruk.

Le Roy de France protefte contre toute prefcription & laps de tems, au fujet du Royaume de Navarre, & fe referve la faculté d'en faire la pourfuite par voye amiable, de même que de tous les autres droits qu'il prétend lui appartenir, & aufquels lui ou fes Prédeceffeurs n'ont pas renoncé. *T. de Vervin, rappellé par le Traité des*

Pyrénées, art. 23. *T. des P. art.* 89.
Tous les Auteurs qui ont écrit sur le
Droit Public , conviennent que la
prescription légitime les droits les
plus équivoques dans leur origine ; &
ce qui prouve la sagesse de ce principe ,
c'est qu'il est de l'interêt de chaque Nation en particulier de l'adopter. La
difficulté consiste à sçavoir comment
la prescription s'acquiert : pour moi
je croirois qu'elle ne peut être établie
que par le silence de la partie lesée
quand elle traite avec le Prince qui
possede son bien , ou que celui-ci le
vend , le cede & l'aliene en quelque
autre maniere. Le silence dans ces
occasions équivaut à un consentement.
Il seroit à souhaiter que les Auteurs
qui ont traité des droits & des prétentions des Puissances de l'Europe ,
fussent partis de ce principe ; ils n'auroient point tenté de réaliser des chi-
meres que les Etats mêmes, en faveur
de qui ils écrivent , n'osent avoüer.
N'est-ce pas une pitié que de parler
encore des prétentions de l'Empire
sur l'Etat Ecclesiastique , des droits

des Anglois fur la Normandie, & de ceux de la Couronne de France fur les provinces que Charlemagne a poffédées ? Pourquoi nourrir l'ambition des Etats & leur jaloufie réciproque ! Craint-on qu'ils ne manquent de fujets de querelles, & que la tranquillité publique ne foit trop folidement affermie ? Il faut conclure du principe que j'ai établi, que chaque Prince poffede aujourd'hui légitimement les pays qu'on n'a point revendiqués depuis la paix de Weftphalie par quelque acte de proteftation.

Si une Puiffance, telle qu'elle foit, attaque le Roi Très-Chrétien ou le Roi Catholique dans la partie des Terres que chacun d'eux poffede actuellement, ou qu'il poffedera en vertu du traité des Pyrénées, l'autre contractant ne pourra donner aucun fecours à cette Puiffance ennemie, quoiqu'elle fut fon alliée. *T. des P. art. 3.* Cet article eft fage & régulier, fi les Cours de Paris & de Madrid n'ont voulu que fe lier les mains pour l'avenir, c'eft-à-dire, s'ôter la liberté de con-

tracter des engagemens qui leur fuffent refpectivement nuifibles. Mais,
comme quelques perfonnes le prétendent, fi le Cardinal Mazarin &
Don Loüis de Haro ont voulu que
cette claufe eût un effet rétroactif fur
les traités qui ont précedé la paix des
Pyrénées, rien ne feroit plus irrégu-
lier ni plus contraire aux principes de
la bonne foi : car la France & l'Efpagne fe mettroient néceffairement
dans le cas de manquer à la convention qu'elles ftipulent, ou aux engagemens antérieurs qu'elles peuvent
avoir pris avec d'autres Puiffances.
Je fçais que certains politiques regardent cette maniere de traiter, comme
une manœuvre habile qui laiffe à un
Etat la liberté de prendre dans l'occafion le parti le plus favorable à fes
intérêts. Mais eft-il vrai qu'on puiffe
en retirer ce funefte avantage ? Un
Prince qui a contracté des engagemens contraires, eft obligé de remplir les plus anciens, parce que les
autres font nuls, & qu'il n'a pas même
pu les prendre. Si les conventions
poftérieures

postérieures annullent les plus anciennes, il est inutile que les Nations traitent ensemble. Il n'y a plus de foi des traités, tout est incertain, & le droit des gens n'est plus qu'un vain mot vuide de sens. On tombe encore dans les mêmes inconvéniens, & tous les liens de la société générale sont rompus, si un Prince peut renoncer à ses engagemens sans le consentement de la Puissance avec laquelle il les a contractés. Il semble que ces principes ayent été ignorés de plusieurs Ministres.

Dans le cas que des Alliés de la France & de l'Espagne eussent quelque querelle, on tâchera de les concilier à l'amiable. Si les bons offices sont inutiles, & qu'on prenne les armes, les secours que les deux Couronnes donneront à leurs Alliés, ne rompront point la paix qui regne entr'elles. *T. des P. art. 3.*

Il n'est pas douteux qu'il ne soit permis d'agir hostillement contre les Etats qui prêtent des secours à nos ennemis ; c'est la décision de Grotius

& du judicieux & fçavant Magiftrat qui a donné depuis peu un *Effai fur les principes du Droit & de la Morale.* Dans tous les temps on a agi conformément à ce principe, cependant il s'eft prefque établi en Europe, depuis le commencement de ce fiécle, une nouvelle façon de penfer fur cette matiere. On a prétendu dans quelques écrits qu'il n'eft point permis d'attaquer une Puiffance, qui, pour remplir fes engagemens, prête fes forces à nos ennemis. On a vu avec étonnement que des Etats qui fe faifoient la guerre avec chaleur, ont cru ou feint de croire, qu'ils étoient toujours amis, parce qu'ils ne prenoient que la qualité d'auxiliaires, & qu'une déclaration formelle n'avoit pas précedé leurs hoftilités.

Il ne feroit pas difficile de découvrir ce qui a pu occafionner un pareil changement dans les principes du droit des gens ; mais je ne m'y arrête pas, & je veux feulement examiner s'il eft avantageux pour les fociétés de convenir que les fecours qu'elles donnent à leurs Alliés, n'altereront point l'amitié & la bonne correſpondance qui doit regner entr'elles.

Les Plénipotentiaires qui ont les premiers imaginé cette clauſe, n'ont ſans doute eu d'autre objet que d'affermir la paix, & d'empêcher que la guerre qui s'allume entre deux Etats, n'étende ſes ravages & ne cauſe un incendie général; mais j'oſerois preſque aſſurer qu'ils ſe ſont trompés dans leurs vûes. Premierement la paix n'eſt point par là plus ſolidement établie; car ce n'eſt pas une déclaration qui conſtitue l'état de guerre entre deux peuples, mais les hoſtilités qu'ils commettent l'un ſur l'autre, & les torts qu'ils ſe font réciproquement. Bien loin en ſecond lieu que les maux de la guerre en ſoient moins étendus, ils ſe multiplient au contraire. Tel Prince qui n'auroit oſé ſe mêler dans les querelles de ſes voiſins, y prendra part, dès qu'il pourra le faire ſans s'attirer un ennemi. Les ſecours qu'il donnera, feront autant d'alimens qui entretiendront un feu qui auroit pu s'éteindre fans cela plutôt & plus facilement.

On aura beau convenir par des traités que les alliés de deux Puiffances belligerantes ne feront point regardés comme ennemis, on n'empêchera jamais qu'un Prince ne voye de mauvais œil une nation qui contribue à fon malheur, & qu'il ne faififfe la premiere occafion pour s'en venger. Il eft comme impoffible que les paffions aigries & mifes en fermentation, ne conduifent enfin à une rupture ouverte.

SUEDE.

L'Empereur & l'Empire cedent à la Suede, comme Fiefs perpétuels & immédiats de l'Empire, toute la Poméranie Citérieure avec l'Ifle de Rugen, & dans la Poméranie Ultérieure les Villes de Stetin, Garts, Dam, Golnau, & l'Ifle de Wollin avec la Souveraineté fur l'Oder, & fur le Bras de Mer appellé le Frifchaff. La Suede joüira encore des Terres adjacentes du Peine, de la Swine & du

Dievenou, depuis leur embouchure jusqu'au commencement du Territoire Royal. *T. d'Of. art.* 10. §. 1.

L'Electeur de Brandebourg possedera la Poméranie Ultérieure & l'Evéché de Camin. *Ibid.* Il y eut dans la suite quelques différends entre les Cours de Suede & de Berlin au sujet des limites. Toutes les difficultés furent levées par le Traité de Stetin conclu dans le mois de May 1653. En vertu de cet acte le Roi de Suede partageoit avec l'Electeur le revenu des droits de Péage qui se levent dans tous les Ports & Havres de la Poméranie Ultérieure. Il seroit inutile d'entrer dans le détail des autres dispositions prises dans le Traité de Stetin, elles ont été changées par ceux de Saint Germain-en-Laye & de Stokholm : voyez plus bas la pacification de Nimegue, & le huitiéme Chapitre de cet Ouvrage.

Les titres, qualités & armes de Poméranie feront communs aux Rois de Suede & aux Electeurs Princes de la Maison de Brandebourg. Au défaut d'hoirs mâles dans la poſtérité de ceux-ci, la Poméranie Ultérieure & l'Evéché de Camin ſeront réunis au Domaine des autres. *T. d'Oſ. art.* 10. §. 1.

Du conſentement de l'Empire, l'Empereur donne à la Suede la Ville & le Port de Wiſmar, avec le Fort de Walfich ; tout le Bailliage de Poël, à la réſerve de quelques Villages qui appartiennent à l'Hôpital du Saint-Eſprit de Lubeck ; le Bailliage de Newencloſter, celui de Wilshuſen ; l'Archevêché de Bremen & l'Evêché de Verden avec tous les droits qui appartiennent à ces Siéges, ſauf les libertés & les priviléges de la Ville de Bremen qui ſera conſervée dans ſon état actuel. *T. d'Oſ. art.* 10. §. 3.

Il s'éleva des différends entre la Couronne de Suede & la Ville de Bremen. On fit quelques hoſtilités, & elles furent terminées par le Traité de Staden conclu le 28 Novembre 1654. Charles Guſtave, comme Duc de Bremen, reconnut l'immédiateté de cette Ville à l'Empire, laquelle à son tour s'engagea à lui prêter le même hommage qu'elle avoit rendu à son Archevêque en 1637. *T. de Staden art.* 1. *&* 2. Je n'entre point dans le détail de ce Traité qui appartient au Droit Public d'Allemagne , de même que les Transactions qui ont depuis été passées entre les Ducs de Bremen & la Capitale de cette Principauté.

La Reine Christine & ses Successeurs seront appellés aux Dietes particulieres & générales de l'Empire , sous les titres de Ducs de Bremen , Verden & de Poméranie , de Princes de Rugen , & de Seigneurs de Wismar. Ils prendront leur investiture de l'Empereur , & lui prêteront le serment ordinaire de fidélité. *T. d'Os. art.* 10. §. 4.

A raison des Fiefs que la Couronne de Suede possede en Allemagne , elle joüira du privilege de ne point appeller ; mais à condition qu'elle y établira un Tribunal qui jugera conformément aux loix de l'Empire. *T. d'Os. art.* 10. Il n'y a que les

Electeurs qui ayent dans leurs Etats des Tribunaux de Juſtice pour juger en dernier reſſort ; voyez l'onziéme chapitre de la Bulle d'Or. Les ſujets des autres Princes appellent de la ſentence de leurs Juges à la Chambre Impériale de Wetzlar ou au Conſeil Aulique. Les Electeurs de Treves permettent dans leurs Domaines les appels à la Chambre Impériale ; je ne ſçais cependant ſi en ſuivant ce qui eſt preſcrit par la Bulle d'Or, on pourroit contraindre un ſujet de cet Archevêché à comparoître devant un Juge étranger ; le privilege de ne point appeller n'étant pas accordé ſeulement aux Electeurs, mais auſſi à leurs ſujets.

Tous les Etats de l'Empire contribueront pour donner à la Suede en trois payemens, la ſomme de cinq millions de Riſchdalles. *T. d'Oſ. art.* 16.

LES CATHOLIQUES, LES PROTESTANS, LES RE'FORME'S.

La Tranſaction de Paſſau & la paix

de Religion ferviront de fondement au cinquiéme article du Traité d'Of-nabruch. Il y aura une exacte égalité entre les Electeurs, Princes & Etats de l'une & de l'autre Religion ; & ils ne fe feront aucun tort. *Tranf. de Paffau, chap. 2. art. 3. & 4. Paix de Religion, art. 3. 4. & 5. T. d'Of. art. 5. §. 1.*

Les Villes d'Aufbourg, de Dunc-kelfpiel, Biberach & Ravenfbourg retiendront l'exercice de Religion qu'elles avoient le 1 Janvier 1524. Les Magiftratures & les Offices pu-blics feront partagés en nombre égal entre les Catholiques & ceux de la Confeffion d'Aufbourg. Si le nombre des Magiftratures eft impair, l'une & l'autre Religion aura alternativement un Magiftrat de plus de fa Confeffion. A l'égard des Charges uniques, elles feront tour à tour poffédées par des Catholiques & par des Proteftans. Cependant la ville d'Aufbourg ayant un Confeil fecret compofé de fept Sénateurs, dont deux ont le titre de Préfident, & cinq celui de Confeillers, il fera permis aux Catholiques d'avoir toujours un Préſident & trois Conſeillers de leur Religion ; mais s'ils abuſent de la pluralité des ſuffrages, les Proteſtans pourront établir l'alternative. *T. d'Oſ. art. 5. §. 2.*

On remettra les habitans d'Oppenheim qui profeſſent la Confeſſion d'Auſbourg, en poſſeſſion de leurs Temples, & dans le même état qu'ils étoient en 1624. Tous les Confeſſionniſtes joüiront du libre exercice de leur Religion. *T. de M. art. 27.*

La Nobleſſe libre & immédiate de l'Empire joüira dans ſes fiefs immédiats, de tous les droits concernant la Religion, qui ſont accordés aux Electeurs, Princes & Etats du Corps Germanique. *Paix de Religion art. 15. Traité d'Oſ. art. 5.*

Les Comtes, Barons, Nobles, Villes, Monaſteres, Commanderies, & Communautés qui ſont ſujets de quelque Etat immédiat Eccléſiaſtique ou Séculier, Catholique ou Proteſtant, retiendront le libre exercice de la Religion qu'ils profeſſoient le 1 Janvier 1624. Ceux qui ont un culte différent de celui de leur Souverain, & qui à cette époque ne joüissoient pas de l'exercice public; seront libres de vacquer à leur Religion dans leurs maisons, & même d'assister au Service public qui se fera dans leur voisinage. Ils joüiront d'ailleurs de tous les priviléges civils accordés à ceux de la Religion dominante.

En cas que ceux qui n'avoient le 1 Janvier 1624 ni l'exercice public ni l'exercice privé de leur Religion; ou que ceux qui dans la suite embrasseront un nouveau culte, vouluffent changer de demeure, ou y fussent obligés par le Seigneur Territorial; ils vendront à leur gré ou retiendront leurs biens. Ils auront droit de les faire administrer, & de les aller visiter sans avoir besoin de passe-port. Les premiers auront un terme de cinq ans pour se retirer, les autres un terme de trois ans, à compter du jour qu'on leur aura signifié l'ordre de leur Seigneur Territorial. *T. d'Os. art. 5. §. 12.*

Les Bénéfices Eccléfiastiques demeureront dans l'état où ils étoient le 1 Janvier 1624, c'est-à-dire, que les Bénéfices possédés alors par des Catholiques, resteront à perpétuité à ceux de cette Religion. Il en sera de même des Bénéfices possédés le 1 Janvier 1624. par ceux de la Confession d'Aufbourg. Si déformais un Bénéficier veut changer de Religion, il fera obligé de quitter fon Bénéfice, mais fans reftituer aucuns fruits. *Tr. d'Of. art. 5. §. 3.*

Dans les lieux de la Confession d'Aufbourg où l'Empereur joüit du droit de premieres Prieres, il ne pourra nommer qu'un Proteftant. Dans les mêmes endroits le Pape n'aura aucun droit d'Annate, de Pallium, de Confirmation, &c. Et qui que ce foit qui requerra de fa part de femblables réferves, ne pourra être appuyé par le bras féculier. Les Elus & Poftulés aux Archevêchés, Evêchés & autres Prélatures de la Confession d'Aufbourg, recevront leur inveftiture de l'Empereur, après que dans l'an ils auront prêté l'hommage

& les fermens ordinaires de fidelité. Dans les lieux mixtes le Pape
confervera fon droit établi à l'égard
des Bénéfices Catholiques. L'Empereur ne pourra exercer fon droit
de premieres Priéres en faveur d'un
Catholique , que fur les Bénéfices
attribués à ceux de la Religion Romaine. *T. d'Of. art. 5. §. 5.*

Les Electeurs , Princes , &c. de
la Confeffion d'Aufbourg pofféderont
tous les biens Eccléfiaftiques dont ils
joüiffoient le 1. Janvier 1624. De
même , les Catholiques , de quelque
qualité qu'ils foient , feront rétablis
& confirmés dans la poffeffion de tous
les biens qu'ils poffédoient à la même
époque dans les Etats des Princes de
la Confeffion d'Aufbourg. *T. d'Of.
art. 5. §. 9.*

Si quelque Electeur , Prince , Seigneur du Territoire , &c. change de
doctrine , ou acquiert , par fucceffion
ou autrement, quelque état qui profeffe
une Religion differente de la fienne ;
il lui fera permis d'avoir dans fa Cour
& auprès de lui des Miniftres de fa

Religion ; mais de façon que cela ne puisse être à charge à ses Sujets , ni préjudicier à leur Religion. Dans le cas que quelque Communauté embraffât le culte de son Prince ou Seigneur , & demandât la permission d'avoir à ses dépens le même exercice de Religion , le Prince ou Seigneur pourra lui accorder cette grace , & ses Succeffeurs ne feront pas les maîtres de la révoquer. *T. d'Of. art.* 7.

Dans les Affemblées ordinaires , ainfi que dans les Diétes générales , le nombre des Députés de l'une & de l'autre Religion fera égal. Quand une affaire exigera des Commiffaires extraordinaires , ils feront pris parmi les Proteftans , s'il s'agit d'Etats ou de perfonnes qui profeffent la Confeffion d'Aufbourg. Si le differend regarde des Catholiques , les Commiffaires feront Catholiques ; s'il eft élevé entre des Catholiques & des Proteftans , les Commiffaires feront des deux Religions en nombre égal. *T. d'Of. art.* 5. §. 18.

Le Tribunal de la Chambre Imperiale fera compofé d'un Juge Catholique, de quatre Prefidens nommés par l'Empereur, & dont deux profefferont la Confeffion d'Aufbourg; de vingt-fix Affeffeurs Catholiques, & de vingt-quatre Proteftans. Les Juges du Confeil Aulique feront pris en nombre égal dans les deux Religions. Si tous les Catholiques font d'un avis, & tous les Proteftans d'un autre, quand il s'agira de porter un Jugement, l'affaire à décider fera renvoyée à la Diéte générale de l'Empire. *T. d'Of. art.* 5. §. 20.

Les Ducs de Brieg, Lignitz, Munfterberg & d'Oels, & la Ville de Breflau feront maintenus dans les priviléges dont ils joüiffoient avant les troubles de Boheme, & dans le libre exercice de leur Religion. Les Comtes, Barons, Nobles, &c. qui profeffent la Confeffion d'Aufbourg dans les Duchés de Silefie qui dépendent de la Chambre Royale, pourront affifter à l'exercice public de leur Religion qui fe fera dans leur voifinage; & l'Empereur leur permet de bâtir trois Temples à leurs dépens près des Villes de Schaveinitz , Jant & Glogau. *T. d'Of. art. 5. §. 13.*

Les droits qui font donnés aux Catholiques , & à ceux de la Confeſſion d'Auſbourg , font auſſi accordés aux Réformés. A l'exception de ces trois Religions , il n'en ſera reçu ni toleré aucune autre dans l'Empire. *T. d'Of. art. 7.* Il y a apparence que cet article ne regarde que les Sujets , puiſqu'on n'a fait aucune difficulté au Duc de Holſtein , héritier préſomptif de la Couronne de Ruſſie , ſur les fiefs qu'il poſſede dans l'Empire quand il a embraſſé la Religion Grecque.

ELECTEURS, PRINCES, & ETATS DE L'EMPIRE ,

Ils auront droit de ſuffrage dans toutes les délibérations. Sans eux on ne pourra ni faire de nouvelles Loix , ni interpréter ou changer les anciennes. Leur conſentement ſera néceſſaire pour déclarer la guerre, faire la paix, contracter des alliances , établir des impôts ,

impôts, lever des Troupes & bâtir
de nouvelles forteresses au nom du
Public sur les terres des Etats. Les
Villes libres auront voix décisive aux
Diétes particuliéres & générales ,
elles joüiront de tous leurs droits anciens. Les Electeurs ; Princes , &c.
pourront faire des alliances entre eux ;
& avec les Etrangers ; pourvû que
ces alliances ne soient formées ni
contre l'Empereur & l'Empire , ni
contre les clauses des Traités de Westphalie. *T. de M. art. 64. T. d'Os.
art.* 8.

Le Ban de l'Empire est une des
plus importantes matiéres du Droit
Germanique. La Bulle d'Or ne dit
rien de sa forme ; & il est surprenant
que les Plenipotentiaires de Westphalie se soient contentés d'ordonner
qu'on se conformât aux usages anciens sur cet article , & d'en renvoyer
la décision à la prochaine Diéte. On
y regla que l'Empereur ne pourroit
mettre au Ban aucun Prince ni aucun
Etat, sans le consentement des Electeurs. Le Collége des Princes , &

celui des Villes Imperiales fe plaignirent avec raifon , & malgré les écrits dont ils innonderent l'Allemagne , ils n'obtinrent la fatisfaction qu'ils demandoient, qu'à l'avenement de Charles VI. au Trône Imperial. Les Electeurs inférerent dans fa Capitulation (*art*. 20.) qu'il ne pourroit prononcer le Ban *fans le fçû & confentement des Electeurs , Princes & Etats de l'Empire.* Voici comme s'exprime ce Prince au fujet des formes aufquelles Il fe foumet dans ces occafions : *Lorfqu'on ira conclure le procès , les actes en feront portés à la Diéte générale , & y feront pris en déliberation , & examinés par quelques-uns d'entre les Etats députés des trois Colleges de l'Empire , & ils feront des deux Religions en nombre égal , & obligés exprès à cette affaire par ferment. Leur opinion fera rapportée aux Electeurs , Princes & Etats affemblés qui prononceront là-deffus la conclufion finale. La Sentence après avoir été confirmée par nous ou par notre Commiffaire, fera publiée en notre nom ; &*

l'exécution ne sera autrement achevée & accomplie, que selon la teneur des Reglemens de l'exécution, & par le même Cercle où appartenoit le Proscrit, & où il avoit son domicile. Nous ne garderons rien de tout ce qui lui sera pris & ôté, ni pour nous mêmes, ni pour notre Maison, mais le tout sera incorporé à l'Empire; & avant toutes choses le parti lesé en sera satisfait. La même clause a été mise dans la Capitulation de l'Empereur Charles VII. (*art.* 20.) & elle doit être regardée comme faisant partie des Traités mêmes de Munster & d'Osnabruck, les Plenipotentiaires ayant garanti d'avance ce qui seroit décidé sur cette matiére par les Princes de l'Empire. *T. de M. art.* 65. *T. d'Os. art.* 8.

MAISON D'AUTRICHE.

La France payera en trois payemens égaux la somme de trois millions de livres tournois à Ferdinand-Charles, Archiduc d'Inspruk, après que l'Espagne aura donné son consentement à l'aliénation de l'Alface, & des autres Terres cedées par le Traité de Munfter. *T. de M. art.* 89. Ce Prince étant mort, les trois millions furent payés à fon frere Sigifmond-François en 1663, 1664 & 1665.

MAISON DE BAVIERE, MAISON PALATINE, MAISON DE BRANDEBOURG.

La Maifon de Baviere reftera en poffeffion de la dignité Electorale, du Haut Palatinat, & du Comté de Cham qui appartenoient à la Maifon Palatine. En vertu de cette ceffion, elle renoncera à la dette des treize millions qu'elle a prêtés à la Maifon d'Autriche, & qui font hypotéqués fur la Haute Autriche. *T. de M. art.* 11 & 12. *T. d'Of. art.* 4.

La Maifon de Baviere avoit poffédé autrefois la dignité Electorale. Voici comment s'exprime fur ce fujet l'Electeur Maximilien - Emmanuel dans le Manifefte qu'il publia contre l'Empereur Leopold au commence-

ment de la guerre de 1701. ,, La di-
,, gnité Electorale eſt très-ancienne
,, dans ma Maiſon, ſuivant le Con-
,, cordat qui fut fait à Pavie entre
,, l'Empereur Loüis de Baviere dont
,, je deſcends, & Adolphe fils de
,, Rodolphe de Baviere, frere de
,, l'Empereur Loüis, & auteur de la
,, branche Rodolphine. Cette digni-
,, té qui appartenoit à la Maiſon de
,, Baviere, devoit être poſſedée al-
,, ternativement par les chefs des
,, deux branches qui la compoſoient
,, alors. Quelque tems après ce Con-
,, cordat, l'Empereur Charles I V.
,, ennemi déclaré des Princes de ma
,, branche, publia la Bulle d'Or, dans
,, laquelle il régla que les fils aînés
,, des Electeurs ſuccederoient tou-
,, jours à leurs peres. C'étoit un Prin-
,, ce de la branche Rodolphine qui
,, joüiſſoit de l'Electorat de ma Mai-
,, ſon, quand cette Bulle fut publiée.
,, Son fils prenant droit ſur la Bulle
,, d'Or, ſe maintint en poſſeſſion de
,, l'Electorat, qui ſuivant le Concor-
,, dat de Pavie, devoit paſſer à l'aîné

„ de ma branche. Son ufurpation fut
„ imitée de fes defcendans, malgré
„ les proteftations & les oppofitions
„ de mes ancêtres fi fouvent réïterées
„ & renouvellées en pleine Diéte
„ par le Duc Guillaume de Baviere
„ mon bifayeul.

Il fera créé un huitiéme Electorat en faveur de la Maifon Palatine. Les Princes Palatins feront rétablis dans tous leurs droits, & remis en poffeffion des biens tant Ecclefiaftiques que Séculiers qu'ils poffedoient avant les troubles de Boheme. Il faut cependant en excepter ce qui a été cedé par l'article précedent à la Maifon de Baviere, & quelques Terres que revendiquent les Evêques de Spire & de Worms. Au défaut d'hoirs mâles dans la Maifon de Baviere, le huitiéme Electorat des Comtes Palatins du Rhin fera détruit; & ces Princes rentreront en poffeffion de celui qu'ils ont cedé aux Ducs de Baviere. Le Comté de Cham & le Haut Palatinat feront auffi dans ce cas réunis à leur Domaine. *T. de M. art.* 13 *& fuiv. T. d'Of. art.* 4.

Les Traités de Weſtphalie n'ont rien décidé ſur le Vicariat de l'Empire, dans les parties du Rhin & de la Suabe, & de la Juriſdiction de Franconie. A la mort de Ferdinand III. l'Electeur de Baviere prétendit que cette dignité étoit attachée à ſon Electorat, ou bien au Haut Palatinat dont il étoit en poſſeſſion. L'Electeur Palatin ſoutint au contraire qu'elle lui appartenoit en qualité de Comte du Bas Palatinat, & il faut avoüer que la Bulle d'Or étoit favorable à ſes prétentions; puiſqu'elle dit (chap. 5) que *toutes les fois que le S. Empire viendra à vaquer, l'illuſtre Comte Palatin du Rhin, Archimaître d'Hôtel du S. Empire Romain, ſera Proviſeur ou Vicaire de l'Empire, &c.* 1°. Il n'eſt pas naturel qu'on eût oublié de qualifier le Comte Palatin d'Electeur, ſi ſa qualité de Vicaire eût été attachée à ſon Electorat. 2°. La Bulle d'Or l'appelle Comte Palatin du Rhin, d'où l'on pourroit inferer que c'eſt par le Bas Palatinat, & non par le Haut, qu'il étoit Vicaire de l'Empire.

Cette queſtion partagea toute l'Allemagne, & il ſe préſenta inutilement
des Arbitres pour la décider. Ces
deux Princes ont depuis paſſé une
Tranſaction, (15 May 1724) par
laquelle ils conviennent d'exercer à
l'avenir le Vicariat en commun, &
d'en établir le ſiége dans un lieu neutre. Telle en effet a été la forme du
Vicariat dans la vacance de l'Empire
après la mort de Charles VI. Pluſieurs Princes proteſterent contre ce
Concordat, qui pour avoir force de
Loi, auroit dû être revêtu du conſentement de l'Empereur & de la Diéte.
A la mort de l'Empereur Charles
VII. l'Electeur de Baviere ſon fils,
& l'Electeur Palatin ont paſſé un nouveau Concordat, par lequel ils conviennent d'exercer alternativement
le Vicariat.

En exécution du quarante-huitiéme
article du Traité de Munſter, & du
quatriéme article du Traité d'Oſnabruck, qui ordonnent de terminer
l'affaire de la ſucceſſion de Juliers in-
déciſe depuis 1609, Frederic Guillaume,

laume, Electeur de Brandebourg, &
Philippe-Guillaume, Palatin du Rhin,
Duc de Neubourg, signérent à Cleves le 9. Septembre 1666 un Traité
qui depuis a été confirmé par l'Empereur Leopold.

Le Duc de Neubourg & ses des-
cendans retiendront les Duchés de
Juliers & de Bergue, & les Seigneu-
ries de Winendael & de Bresques.
L'Electeur de Brandebourg & ses des-
cendans posséderont le Duché de Cle-
ves, & les Comtés de la Marck & de
Ravensberg. *T. de Cleves, art.* 4. Le
Comté de Ravestein sur lequel les
Contractans ne convinrent point en
1666, a depuis été cedé à la Maison
Palatine.

Les pays de la succession de Juliers
resteront inviolablement alliés. Les
Contractans en porteront à la fois les
titres, & s'en garantissent mutuellement la possession. *T. de Cleves, art.*
6 *&* 8.

Le Traité de Cleves ne nuira en
aucune façon aux prétentions que
quelques Princes peuvent former sur

la fucceffion de Juliers. *T. de Cleves,
art.* 1. Il femble que cette claufe laiffant fubfifter tous les droits de la Maifon de Saxe, & des Princes des Deux-
Ponts, ne faffe du Traité qu'on vient
de voir qu'un accord provifionnel,
Mais comment accorder cette claufe
avec la garantie que fe promettent
l'Electeur de Brandebourg & le Duc
de Neubourg ? Ces fortes de contra-
riétés ne font que trop ordinaires dans
les Traités. Celui de Cleves où il n'eft
parlé que de la branche Palatine de
Neubourg, pouvoit fouffrir quelques
difficultés à la mort du dernier Electeur Palatin ; elles ont été levées par
le Traité que le Prince de Sultzbach
a conclu avec le Roy de Pruffe, &
qui confirme le partage & les autres
difpofitions de 1666.

En dédommagement de la Pomeranie Citerieure cedée aux Suedois,
l'Electeur de Brandebourg & fes Succeffeurs, Princes de fa Maifon, tiendront comme Fiefs immediats de
l'Empire, l'Archevêché de Magdebourg, fans y comprendre les quatre

Bailliages de Querfurt, Guterbok, Dam & Borck donnés à l'Electeur de Saxe ; les Evêchés de Halfberstat, de Minden & de Camin. La Ville de Magdebourg fera confervée dans tous fes privileges anciens & nouveaux ; le Bailliage d'Eglen qui appartenoit à fon Chapitre, fera réuni au Domaine du Prince, avec la quatriéme partie des Canonicats. Le Chapitre de Halfberstat ne confervera aucun droit au gouvernement de l'Evêché, & la quatriéme partie de fes Canonicats fera éteinte. Minden confervera toutes fes Prébendes, & toutes celles de Camin feront fupprimées & réunies au Domaine de la Pomeranie Ulterieure. *T. d'Of. art.* 11.

Voyez plus haut dans l'article de la Suede, ce qui concerne la Maifon de Brandebourg pat rapport à la Pomeranie.

MAISONS DE MECKLEBOURG, DE BRUNSWIC - LUNEBOURG, DE HESSE & DE BADE.

Pour dédommager le Duc de Mecklebourg Schverin de la Ville de Wifmar qui eft cedée à la Suede, on lui donnera en Fiefs immédiats, les Evêchés de Schverin & de Ratzebourg, avec privilege d'en réunir à fon Domaine tous les Canonicats, de même que les Commanderies de Mirou & de Nemerau qui appartiennent à l'Ordre de Malte. *T. d'Of. art.* 12.

En 1667. Chriftian-Loüis, Duc de Mecklebourg, fe mit avec fes Etats fous la protection fpéciale de la France, qui lui promit de le défendre contre tous fes ennemis. Le Duc s'engage de fon côté, à aider les François de toutes fes forces, à les recevoir dans fes Etats, à leur permettre d'y faire des recruës & des levées toutes les fois qu'il s'agira de maintenir les difpofitions de la paix de Weftphalie. *T. de Paris du* 18. *Décembre* 1663.

La Maison de Brunfwic-Lune-bourg aura droit de fucceffion alter-native avec les Catholiques dans l'E-vêché d'Ofnabruck , pour avoir cedé les Coadjutoreries de Magdebourg, de Bremen, de Halfberftat & de Rat-zebourg. On lui donne auffi la Prévô-té de Walckenried , & le Monaftere de Groëningen. On la tient quitte de la dette contractée par le Duc Ulric avec le Roy de Dannemarc , cedée par ce dernier Prince à l'Empereur qui en avoit fait don au Comte de Tilly. *T. d'Of. art.* 13.

La Maison de Heffe-Caffel retien-dra l'Abbaye de Hirsfeld avec toutes fes dépendances, comme la Prevôté de Gelingen , fauf toutesfois les droits que la Maifon de Saxe y poffede de tems immémorial. *T. d'Of. art.* 15.

Le Landgrave de Heffe & fes Suc-ceffeurs poffederont la Seigneurie directe & utile fur les Bailliages de Schaumbourg , Ruckenbourg , Sa-xenhagen & Stattenhagen , qui appartenoient à l'Evêché de Minden. Le droit d'aînesse introduit dans les Maisons de Hesse - Cassel & de Hesse Darmstadt, sera inviolablement observé. *Tait. de Munst. art. 52. & 61. Trait. d'Os. art. 15.*

Par le droit d'aînesse on entend dans l'Empire l'indivisibilité des Etats. *Nous voulons*, dit Charles IV. dans la Bulle d'Or, *qu'à l'avenir & à perpétuité les grandes & magnifiques Principautés, telles que sont le Royaume de Boheme, la Comté Palatine du Rhin, le Duché de Saxe & le Marquisat de Brandebourg, leurs Terres, Jurisdictions, Hommages & Vassellages, avec leurs Appartenances & Dépendances, ne puissent être partagées, divisées ou démembrées en quelque façon que ce soit; mais qu'elles demeurent à perpétuité unies & conservées en leur entier. Que le fils aîné y succede, & que tout le domaine & tout le droit appartiennent à lui seul.* Pendant long temps il n'y a eu que les Terres Electorales qui ayent joüi de ce privilége.

La préséance dans les assemblées

du Cercle de Suabe, & dans les Diétes générales de l'Empire, fera alternative entre les deux Branches de la Maifon de Bade. *T. de M. art. 36.*

ESPAGNE.

Tous les articles du Traité de Vervin conclu le 2 May 1598, aufquels il ne fera pas dérogé par le Traité des Pyrénées, font de nouveau confirmés & approuvés. *T. des P. art.* 108.

L'Efpagne protefte contre toute prefcription, & fe réferve de faire valoir par des voyes amiables, & non autrement, tous les droits aufquels elle n'a pas expreffément renoncé, & qu'elle prétend avoir fur la France. *Trait. de Vervin, art.* 24. *Trait. des Pyr. art.* 90.

Ces réferves, l'ouvrage de l'ambition, ne font propres qu'à la nourrir. Des droits vieillis font prefque nuls malgré les proteftations; c'eft-à-dire, qu'on s'accoutume à ne les regarder que comme des prétentions négligées, & qu'on ne manqueroit point d'accuſer d'inquiétude & d'injuſtice un Prince qui ſongeroit enfin à les faire valoir par la force des armes. Dans le Traité que la France & les Provinces - Unies ſignerent à Ryſwick en 1697, elles renoncerent à toutes leurs prétentions reſpectives; qu'il ſeroit utile que cet exemple fût ſuivi ! Les circonſtances où les Cours de Paris & de Madrid ſe trouverent pendant la négociation de Vervin, rendirent néceſſaires les réſerves dont je viens de parler. La France & l'Eſpagne avoient l'une contre l'autre les plus juſtes motifs de haine ; elles ne s'étoient point encore fait aſſez de mal pour ſe reconcilier ſincerement. La paix de Vervin n'étoit donc véritablement regardée par Henry IV. & par Philippe II. que comme une treve néceſſaire au bien de leurs affaires, & dont ils ne vouloient profiter que pour s'attaquer dans la ſuite avec plus de vigueur. Dans ces diſpoſitions il étoit naturel qu'on ne ſe cédât de part & d'autre que ce qu'on ne pouvoit

pas abfolument fe refufer , & qu'on
fît cas de tout ce qui pouvoit être le
germe de quelque prétention , & même de quelque rupture. Les chofes
avoient changé de face quand la paix
des Pyrénées fut concluë. Les deux
Couronnes laffes d'une vengeance
dont elles étoient les victimes , pouvoient faire une paix folide , parce
qu'elles avoient éprouvé tous les inconvéniens de la guerre. Peutêtre que
le Cardinal Mazarin auroit renoncé
aux réferves faites à Vervin , s'il n'a-
voit pas craint que fes ennemis , toujours attentifs à envenimer fes démarches , ne l'euffent accufé d'avoir trahi
les intérêts de l'Etat , & abandonné
quelque chofe de réel.

Quand l'Efpagne dit qu'elle fe réferve tous les droits aufquels elle n'a pas
expreffément renoncé, on ne doit point
la foupçonner de mauvaife foi ; c'eft la
même chofe que fi elle eut dit fimplement qu'elle fe réfervoit les droits aufquels elle n'a pas renoncé : ce qui n'eft
point expreffément marqué dans un
Traité, n'y eft point du tout. Ce n'eft

pas que je prétende qu'il ne puiffe y avoir dans les Traités, comme dans toutes les autres efpeces de Contrats, des conditions fous-entendues & qui font préfumées ; mais il me femble que les politiques ont eu raifon d'établir entre eux pour principe de n'y point avoir égard. Plus la foi des Traités eft fainte, plus il faut écarter avec foin tout ce qui peut y donner quelque atteinte. Faut-il expofer les Traités à devenir le joüet des fubtilités & des fophifmes de l'ambition & de l'intérêt ? Il n'y a plus rien de facré entre les nations, fi l'on admet dans leurs conventions des conditions tacites ; car il n'eft que trop prouvé pour le malheur des hommes, que leurs paffions les aveuglent même fur leurs engagemens les plus clairs & les plus évidens.

Tout le monde fe rappelle que dans la guerre de 1733 la Cour de France envoya quelques bataillons au fecours de la Ville de Dantzik, où le Roi de Pologne, Staniflas I. étoit affiégé par l'armée de Ruffie. Ce foible corps de

troupes fut obligé de capituler , &
l'Officier qui le commandoit, fe contenta de ftipuler qu'on le tranfporteroit dans un Port de la Mer Baltique.
L'intention préfumée des François
étoit d'être libres, & ils entendoient
certainement qu'on les tranfporteroit
dans un Port neutre ; cependant le
Comte de Munik les envoya à Peterfbourg , où ils furent traités en prifonniers de guerre. Si les conditions
préfumées & fous - entendues d'un
Traité ou d'une Capitulation avoient
quelque force , la France & fes Alliés
n'auroient point manqué de fe plaindre à la Cour de Ruffie de la perfidie
de fon Général. Tout le monde fe
tut ; on fe contenta d'accufer d'ignorance l'Officier François , & l'on dit
que le Comte de Munick fçavoit profiter de tous fes avantages.

J'ai cru cette remarque néceffaire
pour juftifier les Négociateurs aux
yeux de prefque tout le public, qui
recherchant dans leurs Traités une
certaine confcifion qui y feroit un
vice énorme , fe plaint d'y trouver

des détails qui lui paroiſſent ſuperflus.
On ne peut exprimer avec trop de
ſoin tous les cas particuliers d'un engagement, & en ſéparer toutes les
parties. Les Plénipotentiaires s'en font
une loi, à moins qu'il ne s'agiſſe de
rédiger un article par lequel ils n'ont
pas obtenu tout ce qu'ils demandoient. Alors ils ne cherchent qu'à
ſe ſervir de tours & d'expreſſions vagues & équivoques qui puiſſent donner lieu à quelque explication. On
voit dans les Lettres du Cardinal Mazarin combien il ſe ſçait gré d'avoir
tourné quelques endroits du Traité
des Pyrénées d'une maniere dont la
France pourroit profiter dans de certaines conjonctures.

L'Infante Marie-Thereſe, fille aînée
de Philippe IV. épouſera Loüis XIV.
T. des P. art. 33. „ Et comme il im-
„ porte au bien de la choſe publique
„ & conſervation des Couronnes de
„ France & d'Eſpagne, qu'étant ſi
„ grandes & ſi puiſſantes, elles ne
„ puiſſent être réunies en une ſeule,
„ & que dès à préſent on prévienne

,, les occasions d'une pareille jonc-
,, tion, leurs Majestés très - Chré-
,, tienne & Catholique accordent &
,, arrêtent entre elles que l'Infante
,, Marie-Therese, & les enfans pro-
,, créés d'elle mâles ou femelles, &
,, leurs Descendans ne puissent suc-
,, céder à aucun des Etats qui appar-
,, tiennent à présent ou pourront ap-
,, partenir dans la suite à la Monar-
,, chie Espagnole. La Serenissime
,, Infante fera avant son mariage une
,, renonciation formelle à tous ses
,, droits, & elle en fera une seconde
,, conjointement avec le Roi très-
,, Chrétien, si tôt qu'elle sera épou-
,, sée & mariée. *Contrat de mariage
de Loüis XIV. avec Marie - Therese
Infante d'Espagne, lequel fait partie
du Traité des Pyrénées.*

MAISONS DE SAVOYE, DE MANTOUE ET DE MODENE.

Le Traité de Querasque fait le 6
Avril 1631 entre Loüis XIII. &
l'Empereur Ferdinand II. pour l'exé-

cution de la paix d'Italie , demeurera en toute sa vigueur. Le Duc de Savoye sera maintenu dans la possession de la partie du Montferrat qui lui a été cédée. *T. de M. art.* 92. *T. des P. art.* 94. c'est-à-dire, que ce Prince renonce à toutes les prétentions tant anciennes que nouvelles qu'il peut avoir sur les Duchés de Mantouë & de Montferrat, & qu'en dédommagement il se contentera de posseder la Ville de Train, à laquelle on joindra des terres qui lui produiront le revenu annuel de 15 mille 50 écus d'or. *T. de Querasque art.* 1. *& convention en éxécution de ce Traité.*

Il sera dérogé au Traité de Querasque en ce qui concerne Pignerol & son Gouvernement, que le Duc de Savoye a cédés à la France par des Traités particuliers ; à sçavoir, le Traité de Saint Germain-en-Laye du 5 May 1632, & celui de Turin du 5 Juillet 1632. Il n'est pas inutile de remarquer que dès le 31 Mars 1631 la France avoit passé avec le Duc de Savoye un Traité secret, qui lui assuroit la possession de Pignerol.

En éxécution du premier article du Traité de Saint Germain-en-Laye, le Roi très-Chrétien payera au Duc de Mantouë la somme de 49 mille écus, à la décharge du Duc de Savoye son débiteur. *T. de M. art.* 93. Les Fiefs de la Rocheveran, d'Olme & de Césoles seront indépendans de l'Empire, & la Souveraineté en appartiendra aux Ducs de Savoye. *T. de M. art.* 95.

Les Châteaux de Reggiolo & de Luzara avec leur Territoire, seront compris dans l'investiture du Duché de Mantouë. Le Duc de Guastalle sera obligé de les restituer, mais sans porter préjudice à la rente annuelle de six mille écus qu'il prétend être dûe & hypotequée sur ces Châteaux. *T. de M. art.* 97.

L'Espagne consent à ne plus tenir garnison dans Correggio, & promet d'engager l'Empereur à en donner l'investiture au Duc de Modene dans là même forme qu'il la donnoit aux Princes de Correggio. *Traité des Pyr. art.* 97.

MAISON DE LORRAINE.

Le Roi très-Chrétien confent à rétablir le Duc Charles IV. de Lorraine dans fes Etats, à la réferve de Moyenvic, Ville Impériale, qui a été réunie au Domaine de France par le Traité de Munfter ; du Duché de Bar ; des Villes de Stenai, Dun, Jametz & de leur Territoire. Les fortifications de Nancy feront démolies. Les Ducs de Lorraine défarmeront, & toutes les fois qu'ils en feront requis, ils feront tenus à donner le paffage aux troupes de France pour communiquer des trois Evêchés en Alface. Enfin en cas que le Duc de Lorraine refufe d'accepter quelqu'une de ces conditions, ou y contrevienne dans la fuite, le Roi de France reftera, ou rentrera en poffeffion de la Lorraine. *Trait. des P. art.* 62. *& les* 16 *fuivans.*

Ces conditions ne laiffoient en quelque forte au Duc de Lorraine que le vain titre de Souverain. On

vouloit

vouloit le punir de ses infidélités, &
prévenir les dangers que son inconf-
tance faisoit craindre. Preffé cependant par les plus vives follicitations,
le Cardinal Mazarin confentit par le
Traité de Vincennes du 28 Fevrier
1661, de rendre au Duc de Lorraine
Dun & le Duché de Bar, à condition
que la France refteroit faifie de Sirk
& de trente Villages de fa Dépendance; qu'elle poffé deroit en toute
Souveraineté Caufinan, Saarbourg,
Phalfbourg, & les Dépendances de
Marville qui appartiennent au Barois;
& qu'elle acquerroit fur le Château
& fur la montagne de Montclair les
droits dont les Ducs de Lorraine
joüiffent par indevis avec les Electeurs de Treves. Il feroit trop en-
nuyeux de nommer ici tous les lieux
dont le Duc de Lorraine cede à la
France la propriété & la fouveraineté, & qui formoient un chemin par
lequel le Roi pouvoit faire marcher
fes troupes de Metz en Alface, fans
toucher les Etats du Duc de Lorraine; ce chemin avoit demi lieuë de

large, & trente lieuës de long.

En conféquence des droits que le Roi de France venoit d'acquerir fur le Château & la Montagne de Mont-clair, il fit à Fontainebleau le 12 Octobre 1661 un Traité avec l'Electeur de Treves. Il fut convenu que le Château de Montclair feroit démoli fans pouvoir jamais être rétabli.   .

Le Duc de Lorraine n'eut pas plû-tôt foufcrit aux conditions du Traité de Vincennes, qu'il s'en repentit. Tout ce qui pouvoit changer fa fitua-tion, lui paroiffoit avantageux. Il en-tama une négociation qui finit par le Traité le plus extraordinaire, & que tout le monde connoît, le Traité de Montmartre du 6 Février 1662. Les Duchés de Lorraine & de Bar de-voient être unis & incorporés au Royaume de France après la mort de Charles IV. à condition que tous les Princes de fa Maifon feroient ag-gregés à la Famille Royale, & décla-rés habiles à fucceder à la Couronne, felon leur rang d'aîneffe, après les Princes de la Maifon de Bourbon. En attendant cette réunion, le Roi de France devoit commencer par mettre garnison dans Marsal.

Ce Traité n'eut pas lieu, & pour terminer enfin tous les différends au sujet de la Lorraine, on signa un nouvel accord à Metz le 31 Août 1663. Le Roi devoit être mis en possession de Marsal, avec clause de le rendre dans un an au Duc de Lorraine, après en avoir fait sauter les fortifications, ou de le conserver en donnant un équivalent. Le Traité de Vincennes fut confirmé dans tous ses articles, excepté qu'il étoit permis au Duc de fermer Nancy d'une simple muraille.

PROVINCES-UNIES.

Philippe IV. Roi d'Espagne, re-connoît la liberté, l'indépendance & la Souveraineté des Provinces-Unies, renonce à tous ses droits sur elles, & en conséquence traite avec les Etats Généraux. *Traité de Munster entre l'Espagne & les Provinces-Unies, art.* 1. Mais on peut demander si les Etats

Généraux & les sept Provinces ont
acquis en vertu de ce Traité , les
droits & les prétentions que les Rois
d'Espagne formoient sur quelques-uns
de leurs voisins en qualité de Ducs de
Gueldre , de Comtes de Hollande ,
&c. Je crois avoir donné plus haut la
solution de cette question , en parlant
des conditions tacites & présumées
d'un Traité. Les Etats Généraux des
Provinces - Unies & les Etats particuliers de chacune de ces Provinces
ayant négligé de stipuler qu'ils étoient
mis au lieu & place des Rois d'Espagne , n'ont acquis simplement que
le droit de se gouverner par eux-mêmes. Tout ce qui est par-delà , est de-
meuré aux Rois d'Espagne & à leurs
Successeurs dans la souveraineté des
Pays-Bas.

Au dehors du district des Provinces-Unies , les Etats Généraux posséderont la Ville & Mayerie de Bois-
le-Duc , les Villes de Berg-op-zoom ,
Breda , Maftricht avec leur reffort ;
le Comté de Vroonhoff , Grave , le
Pays de Kuik , Hulft & son Bailliage ,

Hulster-Ambacht, Axele-Ambacht.
A l'égard des trois quartiers d'Outre-
meufe, fçavoir Dalem, Fauquemont
& Roleduc, ils demeureront en l'état
auquel ils fe trouvent à préfent, & en
cas de conteftation, il en fera décidé
à l'amiable. *T. de M. art. 3.*

En effet, il s'éleva des différends
entre l'Efpagne & les Provinces-
Unies au fujet de ces trois Quartiers.
On fit un accord le 25 Fevrier & le
27 Mars 1658, par lequel on convenoit qu'ils feroient partagés en deux
parties égales entre l'Efpagne & les
Etats Généraux. L'année fuivante ces
deux Puiffances fignerent encore à la
Haye le 13 Décembre un Traité par
interim. Ce ne fut que le 26 Décembre 1661 que cette affaire fut terminée par un Traité définitif figné à la
Haye. On fit un nouveau partage. Le
Roi d'Efpagne devoit poffeder le Pays
de Fauquemont & de Dalem, & la
Ville & le Château de Roleduc. Les
Villes & Châteaux de Fauquemont
& de Dalem, & le Pays de Roleduc
demeuroient aux Provinces - Unies.

Pour avoir une connoissance précise de ce partage, il faudroit nommer tous les Villages, Bourgs, &c. qui sont donnés à chacun des Contractans ; mais ce détail qui est très-long, est trop peu intéressant pour trouver place ici.

Les Espagnols ni les Etats Généraux ne pourront construire aucun nouveau Fort dans les Pays-Bas, ni y creuser des canaux qui pourroient nuire à l'un des Contractans. Le Roi Catholique fera démolir les Forts Saint Job, Saint Donas, l'Etoile, Sainte Therese, Saint Frederic, Sainte Isabelle, Saint Paul, & la Redoute appellée Papemutz. Les Etats Généraux démoliront de leur côté les deux Forts situés dans l'Isle de Casant, nommés Orange & Frederic ; les deux Fors de Pas, & tous ceux qui sont sur la Riviere Orientale de l'Escaut, excepté Lillo & Kieldrecht appellé Spinola. *Trait. de M. art.* 58. *&* 68.

Le Roi d'Espagne renonce à tous les droits qu'il peut avoir sur la Ville

de Grave, le Pays de Kuik & leurs
Dépendances, que la Maison d'O-
range tenoit autrefois en engagement,
& que les Etats Généraux lui ont donnés en toute proprieté à la fin de 1611.
Il renonce encore à toutes ses prétentions sur les Villes & Seigneuries de
Lingen, Bevergarde & Kloppen-
bourg, dont le Prince d'Orange &
ses héritiers continueront à joüir. *T.
de M. art. 49. & 50.*

Les sujets de la Couronne d'Espagne & des Provinces-Unies sont dé-
clarés capables de succéder les uns
aux autres, tant par testament que sans
testament, selon les Coutumes des
lieux. *T. de M. art. 62.*

Les Contractans demeureront en
possession des Pays, Places, Comp-
toirs, &c. qu'ils occupent aux Indes
Orientales & Occidentales. Les Espagnols joüiront des priviléges qu'ils
possedent à présent aux Indes Orientales, sans se pouvoir étendre plus
avant, & les sujets des Etats Généraux s'abstiendront de fréquenter les
Places où les Castillans sont établis.
T. de M. art. 5.

Les Espagnols & les Sujets des Provinces-Unies ne pourront respectivement naviger ni commercer dans les Havres, Ports, Places garnies de Forts, Loges ou Châteaux, & généralement en tout autre lieu qui sera possedé par l'autre partie dans les Indes Occidentales. *T. de M. art. 6.*

BASLE, LES CANTONS SUISSES, & QUELQUES VILLES ANSE'ATIQUES.

La Ville de Bâle & les Cantons Suisses ne sont en aucune façon sujets aux Tribunaux, ni aux Jugemens de l'Empire. *T. de M. art.* 62. *T. d'Os. art.* 6.

Les Villes Anséatiques qui sont enclavées dans les Etats que la Couronne de Suede possede en Allemagne, conserveront la même liberté de navigation dont elles ont joüi jusqu'à present, tant à l'égard de l'Empire, que des Royaumes, Républiques & Provinces Etrangeres. *T. d'Os. art.* 10.

NOMS

NOMS DES PRINCES, &c.
Contractans, & Garants des Traités de Westphalie.

L'Empereur & la Maison d'Autriche, la France, la Suede; les Electeurs de Mayence, de Baviere, de Saxe, de Brandebourg; les Evêques de Bamberg & de Wirtzbourg; les Princes de Saxe-Altembourg, Brandebourg-Culmbach, Brunswic-Lunebourg, Cell, Grubenhagen, Wolffenbutel, Calemberg, Meklebourg, Wirtenberg, Hesse-Cassel, Hesse-Darmstat, Bade, Saxe-Lavembourg; les Comtes & Barons du Banc de Vétéravie & ceux du Banc de Franconie; les Villes de Strasbourg, Ratisbonne, Lubeck, Nurenberg, Ulm, &c.

Tous ces Contractans seront obligés de défendre & de maintenir toutes & chacune des conditions de la Paix de Westphalie, sans distinction de personnes, ni de Religion. En cas qu'il s'éleve quelque differend, on tâchera de l'accommoder par des voyes amiables ; si elles ne réussissent pas , on aidera de toutes ses forces la Partie lesée. *T. de M. art.* 116. *T. d'Os. art.* 17.

PROTESTATIONS.

Le Nonce du Pape à Munster protesta contre la Paix de Westphalie le 14 & le 28 Octobre 1648. Un mois après Innocent XI. fit lui-même sa Protestation. Le 20 Janvier 1649. Charles II. Duc de Mantouë, protesta contre tout ce qu'on avoit stipulé au sujet de ses démêlés avec le Duc de Savoye.

Après avoir rendu compte dans ce Chapitre de tout ce qui regarde la Paix de Westphalie & des Pyrénées , & des Traités précedens ou posterieurs qui y ont rapport , je crois devoir ajouter ici quelques remarques avant que de passer à la Pacification d'Oliva.

Les personnes qui se destinent aux négociations, ne peuvent trop étudier les Traités de Munster & d'Osnabruck, qui font des modéles en ce genre. Quel ordre! Quelle précifion! Quelle clarté! Par tout on fent le génie fuperieur des Miniftres qui les ont dictés. Embraffant d'un coup d'œil tous les points & toutes les faces d'une affaire; inftruits à fond des interêts dont ils traitoient, de leurs rapports voifins ou éloignés; ils ont écarté tout ce qui étoit étranger à leur fujet, & rejetté ces expreffions vagues & fuperfluës qui ne donnent aucune lumiére à l'efprit.

Il n'eft pas auffi aifé qu'on pourroit le penfer de donner une bonne forme à un Traité. Combien de Plenipotentiaires qui méritent la réputation qu'ils ont acquife, ont cependant échoüé dans ce travail? On a peine à fuivre les uns; nul ordre dans les idées, nul fil qui lie les matiéres, tout eft jetté au hazard; & le Lecteur qui veut s'inftruire, doit commencer par débroüiller un cahos. Les autres cherchent à mettre dans leurs Traités les fineffes qu'ils ont employées dans le cours de leur négociation; ils tâtonment ; rien n'eſt prononcé ; il faut les deviner. Ceux-ci ne peuvent finir un article ſans y gliſſer quelque ſuperfluité ; ils enflent les petites choſes ; leur amour propre aime à les conſiderer comme des objets importans, & ils croient que leur négociation en acquerra plus de majeſté.

Si l'on trouve ſouvent des défauts auſſi conſiderables dans des Traités qui ont été rédigés par des hommes d'un mérite rare dans les affaires, quelle matiére ne doivent pas offrir à la critique, les actes qui ont été faits par des perſonnes peu inſtruites, d'un eſprit étroit, & qui ne devoient qu'à la faveur l'honneur d'être chargées des interêts de leur patrie, & d'écrire ſes engagemens ?

Je remarquerai encore ici, en faveur des Lecteurs qui n'ont aucune connoiſſance de la matiére que je traite, qu'outre les conventions dont l'aſſemblage forme le Droit Public, on trouve dans tous les Traités des articles d'une autre eſpece. Ils ne regardent, pour ainſi dire, que le moment où le Traité est conclu, & ne pouvant par conséquent avoir aucune influence dans l'avenir, on sent que je ne dois pas m'y arrêter. Telles sont les stipulations qui ordonnent de restituer une Province, une Place, un Château à l'Etat auquel on l'avoit enlevé ; ou qui ne faisant que rétablir les choses dans leur situation ancienne, ne forment aucun titre nouveau. En parlant de la Maison de Hesse-Cassel, aurois-je dû dire que les Plenipotentiaires de Munster & d'Osnabruck convinrent qu'on lui payeroit cent mille Rischdalles dans l'espace de neuf mois, & aux dépens des Archevêques de Mayence & de Cologne, des Evêques de Paderborn & de Munster, & de l'Abbé de Fulde ? Je l'aurois fait cependant si la Hesse eût joüé dans cette guerre un rôle aussi important que la Suede.

Il y a encore une autre sorte d'articles dont je ne rends point compte, parce qu'ils sont en quelque sorte de stile, & qu'on les rencontre dans tous les Traités de Paix. On ne manque jamais de les commencer , en difant qu'il regnera à l'avenir une paix fincere & perpetuelle entre les Parties con-tractantes ; que les hoftilités cefferont; qu'on oubliera tout le paffé , & qu'il y aura de part & d'autre une amniftie générale. On convient encore tou-jours de fe rendre fans rançon tous les prifonniers ; que les Sujets des deux Puiffances pourront aller refpective-ment les uns chez les autres , & y de-meurer librement , &c. Enfin on finit par promettre d'obferver fes engage-mens avec fidélité , & de les ratifier dans un certain tems marqué.

On me permettra de m'arrêter ici fur une queftion importante au fujet de la ratification des Traités , que les uns regardent comme un acte nécef-faire à leur validité , tandis que les autres penfent que ce n'eft qu'une for-mule autorifée par l'ufage, qui donne de l'autenticité aux engagemens , mais qui n'ajoute rien à leur force.

Grotius eft de ce dernier fentiment. ,, Nous pouvons , dit-il , nous obli-
,, ger par un autre , s'il paroît que

,, notre volonté ait été de le conſti-
,, tuer notre Procureur pour cet ef-
,, fet, ſoit par une procuration ſpé-
,, ciale, ſoit en vertu d'une déclara-
,, tion générale. Dans ce cas il peut
,, arriver que celui que nous établiſ-
,, ſons notre Procureur, contracte
,, avec d'autres contre notre propre
,, volonté qui n'eſt connuë que de
,, lui ſeul ; car les actes de la volon-
,, té ſont ici bien differens ; l'un par
,, lequel nous nous obligeons de rati-
,, fier tout ce que fera notre Procu-
,, reur dans une telle affaire ; l'autre
,, par lequel nous l'obligeons lui-mê-
,, me de ne rien faire au-delà de
,, l'ordre que nous lui donnons, &
,, qui n'eſt connu que de lui. Il eſt
,, important de faire cette remarque,
,, parce qu'elle regarde les Ambaſſa-
,, deurs, qui, en vertu des pouvoirs
,, qu'on leur donne, outrepaſſent les
,, ordres ſecrets de leurs Maîtres.
*Droit de la Guerre & de la Paix, liv.
2. chap.* 11. §. 12.

,, Un Souverain, ajoute le même
,, Auteur, demeure lié par les en-

„ gagemens que ſes Miniſtres ont pris
„ en allant au-delà de leurs inſtruc-
„ tions ſecrettes, pourvû que ce ſoit
„ dans l'étenduë de la fonction pu-
„ blique de leur Charge. Si un Mi-
„ niſtre paſſe les bornes de ſon pou-
„ voir, il ſera tenu à la valeur, s'il
„ ne peut accomplir ce qu'il a pro-
„ mis; à moins que quelque Loi ſuf-
„ fiſament connuë n'intervienne en
„ ſa faveur. S'il y a eu de la mau-
„ vaiſe foi de ſa part, c'eſt-à-dire,
„ s'il a fait ſon pouvoir plus grand
„ qu'il n'eſt, alors il ſera obligé,
„ pour dommage cauſé par ſa faute,
„ & même pour crime, à une peine
„ proportionnée au délit.

„ Pour le premier qui eſt le dé-
„ dommagement, on s'en prend aux
„ biens; & s'il n'y en a point, on
„ impoſe des travaux, ou l'on ôte la
„ liberté à la perſonne; pour le ſe-
„ cond qui eſt la punition du crime,
„ on s'en prend auſſi à la perſonne ou
„ aux biens, & à l'un & à l'autre ſe-
„ lon la grandeur du crime. *Droit de
la Guerre & de la Paix, l. 3. ch. 22.
§. 4.*

Il me semble que l'Auteur qui a publié depuis quelques années un Essai sur les principes du Droit & de la Morale, a eu des idées bien plus justes que Grotius sur cette matiére. Après avoir établi ses principes au sujet des engagemens que l'on contracte par Procureur, il ajoute, ,, On ,, remedie à l'inconvenient de l'infi- ,, délité possible des Ambassadeurs ,, par la stipulation réciproque de l'é- ,, change des ratifications , qui est ,, comme si l'on disoit, que le tems ,, stipulé pour envoyer les ratifica- ,, tions, est donné aux Souverains ,, pour reconnoître si leurs ordres ,, secrets ont été exécutés ; & en cas ,, qu'ils n'ayent pas été suivis , pour ,, rétracter les promesses faites par ,, leurs Ambassadeurs. *N*. 123.

En effet un Traité n'acquiert toute sa force que par la ratification des Puissances qui l'ont conclu; & ce qui prouve la vérité de ce principe, c'est qu'il est de l'interêt de chaque Nation de l'adopter , pour ne pas risquer de se trouver la victime de la présomption, de l'infidélité ou de la corruption d'un Miniftre qu'elle charge du foin de difcuter & de régler fes interêts. Si on ne fait attention qu'à la force des termes qu'on employe en dreffant les pleins pouvoirs d'un Ambaffadeur, il n'eft pas douteux qu'on ne doive regarder la ratification des Traités comme une formalité fuperfluë. Mais qu'on y prenne garde, c'eft moins fur les idées particuliéres que réveillent les expreffions d'un plein pouvoir qu'il faut raifonner, que fur l'idée générale qu'on a d'une telle piéce. Or quelque étendus que paroiffent les pouvoirs d'un Plenipotentiaire, on fçait en apprétier le ftile à fa jufte valeur ; & un Ambaffadeur lui-même ne fait aucune difficulté d'avoüer cent fois dans le cours d'une négociation qu'il a les mains liées, qu'il attend les inftructions de fa Cour, &c. Puifque l'autorité d'un Miniftre eft en effet bornée, quoique fes pleins pouvoirs femblent lui donner toute celle de fon Souverain, on doit en conclure qu'un Traité n'a toute fa force que quand il eſt ratifié par le Prince ; juſqu'à ce moment il n'eſt point obligatoire. Il ſeroit donc imprudent de ſtipuler qu'on en exécutera les conventions dès le jour de la ſignature : c'eſt à quoi quelques Ambaſſadeurs n'ont pas toujours aſſez fait attention.

CHAPITRE II.

Pacification du Nord. Paix d'Oliva, de Coppenhague, &c.

MARGUERITE de Valdemar que les Hiſtoriens ont appellée la Sémiramis du Nord, y régnoit ſur la fin du quatorziéme ſiécle. Ayant réuni ſur ſa tête les trois Couronnes de Suede, de Dannemarc & de Norvcge, elle forma le grand deſſein de ne faire en quelque ſorte qu'une ſeule Nation de tous ſes Sujets. Elle aſſembla à Calmar en 1392 le Etats Généraux de ſes trois Royaumes, & ils ſouſcrivirent avec empreſſement à l'union qu'elle méditoit. Il fut réglé par un Traité folemnel que les Danois, les Suedois & les Norvegiens conferveroient leurs Loix, leurs ufages & leurs priviléges particuliers pour former des Nations féparées, quoiqu'unies fous un même chef, & que le Roy élu tour à tour par chaque Peuple, réfideroit tour à tour dans chacun de fes Etats.

Eric petit neveu de Marguerite lui fuccéda ; mais ayant foulevé fes Sujets par fa mauvaife conduite, Chriftophe de Baviere fut placé fur le Trône dont on l'avoit chaffé. Quoique cette élection fut l'ouvrage des feuls Danois, elle fut confirmée par les Suedois qui auroient dû la faire. Ils n'eurent pas dans la fuite la même complaifance ; & les Etats de Dannemarc ayant choifi Chriftierne d'Oldenbourg pour fucceder à Chriftophe da Baviere, la Suede défera fa Couronne à Charles Canutfon.

Le Traité de Calmar commença dès-lors à produire autant de maux dans le Nord, que Marguerite en avoit efperé de biens. L'union en fe rompant ne pouvoit qu'exciter des haines d'autant plus envenimées entre les trois Royaumes, qu'elle avoit confondu leurs interêts, & leur donnoit des droits & des prétentions réciproques les uns fur les autres. Les Roys de Dannemarc regarderent l'élection de Canutfon comme un attentat commis contre leur autorité. Ils s'imaginerent que la Suede devoit être une de léurs Provinces; & ce Royaume en effet auroit fubi le joug des Danois, fi Guftave Vafa, dans les Forêts de la Dalécarlie, n'eût trouvé des Vengeurs à fa patrie.

Les guerres cruelles de la Suede & du Dannemarc n'étoient point prêtes à finir, & il s'étoit cependant formé une nouvelle fource de difcordes dans le Nord, pendant la guerre que les Mofcovites porterent en Livonie au milieu du feiziéme fiécle. Gothart Kettler, Grand-Maître de l'Ordre Teutonique, & en cette qualité Souverain de Livonie, n'étoit point en état de s'oppofer à l'irruption de fes

ennemis. Revel qui n'avoit aucun fecours à en attendre, rechercha la
protection de la Suede, fe foumit à
cette Couronne en 1560. & bientôt
toute l'Eftonie, dont elle eft la Capitale, fuivit cet exemple.

Les Suedois qui croyoient ne pouvoir conferver leur nouvelle acquifi-
tion qu'en laiffant accabler l'Ordre
Teutonique, refuferent tout fecours
à Kettler. Ce Prince, pour s'en venger,
& pour fauver au moins quelques débris de fon naufrage, abandonna aux
Polonois tous les droits qu'il avoit fur
la Livonie, & ne retint que la Curlande, dont il confentit de leur faire
hommage. Dès que les Mofcovites furent repouffés fur leurs terres, la Pologne prétendit faire valoir la ceffion
de Gothart Kettler, & redemanda à
la Suede Revel & l'Eftonie qui n'a-
voient pû fecoüer le joug de leur légitime Souverain pour s'en donner un
nouveau. Les Suedois fçavoient peut-
être qu'un Peuple qui eft abandonné
de fon Prince, ne lui eft plus foumis,
& ils ne répondirent aux Polonois
qu'en prenant les armes.

Le Nord fe flata que les guerres fanglantes que ce différend avoit fait naître, alloient être terminées, quand on vit que les Polonois déféroient leur Couronne à Sigifmond, fils aîné de Jean Roi de Suede, & de Catherine Jagellon, Princeffe dont le nom leur étoit cher, & dont les Peres avoient gouverné la République avec beaucoup de gloire. Le calme cependant ne fut que paffager, Jean mourut en 1592. Son fils fe rendit auffi-tôt en Suede pour s'y faire couronner, mais il fe hâta de repaffer dans fes premiers Etats avant que d'avoir affermi fon autorité fur fes nouveaux fujets; & faifant une feconde faute plus confidérable que la premiere, il céda à la République de Pologne les droits qu'il avoit comme Roi de Suede fur la Livonie.

Cette conduite imprudente fouleva d'autant plus aifément les efprits, que Charles de Sundermanie, frere du feu Roi, avoit travaillé à fe faire des Créatures. Ce Prince habile & ambitieux irrita l'orgueil des Suédois, en leur repréſentant que les efforts qu'ils avoient faits pour ne pas ſuccomber ſous la tirannie des Danois devenoient inutiles, s'ils ne s'armoient d'un nouveau courage, & n'empêchoient que leur Patrie ne devînt une Province de Pologne. Il leur peignoit les Polonois comme des Républicains avides & durs qui alloient être revêtus de toutes les charges de la Suede pour l'écraſer, & dont les violences étoient bien plus à craindre que celles des Danois ; puiſque la Religion du Royaume ne pouvoit être en ſûreté ſous un Prince dont la Cour étoit pleine de Prêtres de la Communion Romaine.

Sigiſmond inſtruit de ce qui ſe tramoit contre lui, crut que ſa préſence pourroit ramener les Suédois ou leur impoſer, mais il n'étoit plus temps. Charles de Sundermanie qui s'étoit aſſuré de tous les ordres de l'Etat, lui ferma l'entrée du Royaume, défit les troupes qui l'accompagnoient, & ſe fit proclamer Roi. Cette guerre quelquefois interrompue, ou pouſſée

avec

avec moins de chaleur, à caufe des anciennes querelles que la Suede avoit avec le Dannemarc, occupa tout le Regne de Charles IX. & fon fils le Grand Guftave jufqu'au moment que pour entrer dans l'Empire, il fit avec la Pologne la treve de fix ans, dont j'ai parlé dans le Chapitre précédent.

Le Nord étoit enfin pacifié. Dès 1613 le Dannemarc avoit été obligé de renoncer autentiquement à tous fes droits fur la Suede; on lui avoit laiffé la frivole confolation de porter dans fon écu les armes de ce Royaume, & on ne lui conteftoit point la Norvege. Il eft vrai que la treve n'établiffoit qu'un repos paffager entre les Suédois & les Polonois, mais rien n'étoit plus aifé que de tarir la fource de toutes leurs querelles. La Pologne qui étoit tombée dans un grand épuifement, tandis que la Suede avoit pris un afcendant marqué dans le Nord, étoit intéreffée à rechercher la paix. Si au lieu d'un Traité définitif, on n'avoit fait qu'une feconde treve en 1635, c'eſt qu'on avoit voulu ménager la délicateſſe des Polonois ; & en leur laiſſant encore quelque eſpérance ſur des Provinces qu'on leur enlevoit, rendre plus facile un accommodement traverſé par les émiſſaires de l'Empereur, & néceſſaire pour aſſurer le progrès des Suedois en Allemagne.

Caſimir attaqué par les Moſcovites, & troublé par la révolte des Coſaques, entama en 1654 une négociation à laquelle la treve de 1635 devoit ſervir de baſe. On touchoit au moment qui alloit affermir la paix, lorſque le Miniſtre qui réſidoit de ſa part à Stokholm, proteſta contre le Couronnement de Charles - Guſtave deux jours avant l'abdication de la Reine Chriſtine.

Cette étincelle ralluma un incendie qui ſe répandit du Nord chez ſes voiſins. Les Suédois ſe crurent outragés, ils demanderent la guerre, & le nouveau Roi n'eût pas différé à ſatisfaire ſes ſujets, ſi ſes finances & ſes troupes lui euſſent paru en proportion avec les grandes entreprifes qu'il méditoit. Il paffa le refte de l'année 1654 à faire fes préparatifs, il exerça fes troupes & les augmenta, amaffa de l'argent, forma une étroite alliance avec l'Electeur de Brandebourg, Duc de Pruffe, & au commencement de l'année fuivante il entra en Pologne à la tête de fon armée.

Jamais progrès ne furent plus rapides; tout plia fous les premiers coups de Charles, la terreur le devança, fes ennemis fuirent, les armes leur tomberent des mains. S'il etoit auffi facile de conferver que de faire de grandes conquêtes, Cafimir n'eût jamais recouvré fa Couronne. Charles voulut l'accabler, & fon inflexibilité fit le falut de fon ennemi. Les Polonois qui avoient tremblé, s'irriterent; leur courage devint d'autant plus impétueux, qu'ils avoient plus à rougir de la crainte qu'ils avoient marquée, & ils formerent une armée qui fut pour Cafimir un azile plus honorable que la Silefie où il avoit été obligé de fuir & de fe cacher.

Les Moscovites qui étoient en guerre contre la Pologne, commencerent à voir avec jalousie la puissance des Suédois, & firent une diversion dans la Livonie. D'un autre côté les Puissances du midi & du couchant de l'Europe ne devoient plus être des témoins indifférens des querelles du Nord. L'Empereur Ferdinand III. saisit cette occasion de se venger du tort que lui avoit fait la paix de Westphalie, & voyant que les affaires de Casimir commençoient à se rétablir, il lui envoya des secours, & engagea le Dannemarc à faire une diversion favorable aux Polonois. Le Kam des Tartares fit marcher en même temps à leur secours une armée de cent mille hommes, ce qui rendit inutile l'alliance que la Suede venoit de contracter avec Ragotzki, Prince de Transilvanie.

En transportant ses principales forces contre les Danois, Charles-Gustave se vit forcé à rester sur la défensive en Pologne ; & dès-lors l'Electeur de Brandebourg croyant qu'il étoit de son intérêt de renoncer à son alliance, conclut avec Casimir, le 17 Septembre 1657 le célebre Traité de Velau. Le Dannemarc eut le sort que la Pologne avoit d'abord éprouvé, il fut presque entierement conquis, & Frederic III. se hâta de conclure son accommodement particulier.

La paix de Rostchild signée le 8 Mars 1658, & que la France & l'Angleterre avoient ménagée, auroit été un grand acheminement à la pacification du Nord, si elle eut eu lieu. Mais Frederic encouragé par ses Alliés se repentit de sa timidité. On lui représenta les armées Suédoises comme un torrent à qui rien ne résiste, mais qui s'écoule & disparoît d'autant plus promptement, que ses eaux sont poussées avec plus de violence. Les secours des Provinces-Unies & leur déclaration de guerre contre Charles Gustave, acheverent de déterminer la Cour de Coppenhague à ne point s'en tenir aux conditions qu'elle avoit acceptées.

Toute l'Europe auroit enfin pris part aux querelles du Nord, si la France & l'Angleterre par un Traité du 21 May 1659 n'étoient convenues avec les Provinces - Unies de prendre les mesures les plus promptes & les plus efficaces pour y rétablir la tranquillité. Les Etats Généraux retirerent les secours qu'ils fournissoient aux Danois ; les Anglois promirent de n'en donner aucun aux Suédois, & le premier fruit de cette négociation ce fut la paix signée à Elsigneur le 9 Décembre 1659, entre Charles Gustave & les Provinces-Unies.

La fortune qui avoit prodigué ses faveurs aux Suédois, commençoit à les abandonner pour favoriser leurs ennemis ; mais rien ne hâta davantage les succès dont se flatoient les Médiateurs assemblés à Oliva & à Haffnen, que la mort de Charles Gustave. Ce Prince digne d'occuper le Trône du Grand Gustave, & un des plus grands hommes du siécle dernier, mourut le 23 Février 1660. Son courage souffroit impatiemment de faire la paix dans des circonſtances où ſes ennemis en avoient moins beſoin que lui. Son fils la ſigna à Oliva le 3 May 1660 avec la Pologne , l'Empereur Leopold & l'Electeur de Brandebourg. Le Traité de Haffnen, plus connu ſous le nom de Coppenhague , fut conclu le 6 Juin de la même année entre la Suede & le Dannemarc.

La paix cependant ne fut pas générale dans le Nord ; la Moſcovie reſta en guerre contre la Suede & la Pologne. Le Traité de Pleyſſemond deſarma les Suédois le 1 Juillet 1661 ; mais il n'y eut d'accommodement définitif entre les Polonois & le Czar de Ruſſie que le 25 Avril 1686 , quand ces Puiſſances ſe liguerent enſemble pour faire la guerre à la Porte. Les hoſtilités avoient cependant ceſſé dès le 30 Janvier 1667 par une treve de treize ans qui fut renouvellée ou prolongée par des Traités ſignés le 17 Mars 1670, le 9 Avril 1672, & le 17 Août 1678.

SUEDE.

Jean Casimir renonce à tous ses droits sur le Royaume de Suede, & aux biens patrimoniaux que ses peres y ont possédés. Il se réserve la faculté de se servir de tous les titres & marques d'honneur de cette Couronne, excepté quand il traitera avec elle. Ses Successeurs ne pourront prendre les mêmes titres, ni former aucune prétention sur la Suede. *T. d'Oliva, art. 5.* La derniere clause de cet article ne pouvoit regarder que ceux de ses Successeurs qui seroient de son sang, la République de Pologne n'ayant aucune prétention sur le Trône de Suede. La branche aînée de la Maison de Vasa finit en la personne du Roi Casimir, qui après avoir abdiqué se retira en France, & y mourut coëffé d'une mître qui lui convenoit mieux qu'une couronne. Le Grand Gustave avoit été le dernier mâle de la branche cadette.

Le Roi & le Royaume de Pologne cedent à la Suede toute la Livonie qui

est

eſt au-delà de la Duna, à la réſerve
des Villes de Dunenbourg, Roſiſen,
Ludſen, Marienhuſen, & des autres
Places que les Polonois poſſedoient
dans la Livonie Méridionale pendant
les treves de 1629 & de 1635. Toute
la Livonie étoit alors occupée par les
Moſcovites ; ils ne l'évacuerent que
l'année ſuivante, & en vertu des articles 3 & 4 du Traité de Pleyſſemond, les Suédois en prirent poſſeſſion, à la réſerve de la partie méridionale qui fut rendue à la Pologne
en 1667, conformément au ſixiéme
article de la treve conclue cette année
entre les Polonois & les Moſcovites.
La Suede poſſedera encore l'Iſle de
Ruynen & tout le Territoire dont elle
étoit maîtreſſe ſur la rive gauche de la
Duna, durant les treves de 1629 &
1635. *T. d'Ol. art. 4 & 5.*

Les Rois de Pologne & de Suede
pourront ſe ſervir également des titres
& marques d'honneur de la Livonie.
T. d'Ol. art. 5.

Le dix-huitiéme article du Traité
d'Oliva mérite d'être rapporté à cauſe

de sa singularité. Il dit qu'on rendra aux Suédois les cadavres des Officiers généraux & subalternes qui seront redemandés. Et qu'à l'égard de ceux qui sont enterrés à Elbing, à Mariembourg, & dans les autres Villes de Prusse ou de Pologne, leur sépulture ne sera pas violée.

Le Dannemarc renonce à toutes ses prétentions sur la Suede. *Traité de Stetin rappellé par le Traité de Coppenhague.*

La Suede possedera en toute souveraineté la Jemptie & toute la partie de l'Heredalie qui est séparée de la Norvege par les montagnes d'Offrafiel. Le Roi de Dannemarc lui donne encore les Isles d'Oesel & de Gothlant. *Traité de Bromsebroo rappellé par le Traité de Coppenhague, art. 25.*

Les Provinces de Hallande, de Scanie ou Schonen, & de Bleckinge sont cédées à la Suede, & elle en joüira en toute souveraineté. *Traité de Roschild, rappellé par le Traité de Coppenhague, art. 5. T. de Cop. art. 4.* Le Roi de Suede étoit déja maître de la Hallande depuis 1645 , en vertu du vingt-cinquiéme article du Traité de Bromfebroo. Chriftien I V. l'avoit cédée à Chriftine pour trente ans , comme un gage de la franchife des Suédois dans les détroits du Sund & du Belth. Ces trente ans expirés , le Dannemarc ne pouvoit rentrer en poffeffion de cette Province , fans donner à la Suede une caution équivalente & dont elle fut contente. Une convention auffi puérile apprend tout à la fois aux Négociateurs combien la délicateffe des Princes eft quelquefois extrême , & cependant facile à contenter.

La Suede poffedera en toute fouveraineté l'Ifle de Bornholm. *Traité de Rof. art. 5. Traité de Cop. art. 5.* Cette Ifle a encore été donnée à la Suede par un acte particulier qu'on trouve ordinairement à la fuite du Traité de Coppenhague.

Le Roi de Dannemarc cede à la Suede les Fiefs de Bahus avec toutes leurs Dépendances. *T. de Rof. art, 6. T. de Cop. art.* 4. de même que toutes les Jurifdictions tant Eccléfiaftiques que politiques qu'il a euës fur l'Ifle de Rugen. *T. de Brom. art. 16. T. de Rof. art. 7. T. de Cop. art. 9.*

Les vaiffeaux de la Couronne de Suede & de fes fujets, de quelque Province qu'ils foient, ne feront foumis à aucun péage, recherche, vifite, détention ni charge, en paffant le Sund & le Belth. Tout effet appartenant aux Suédois ou autres fujets de la Couronne de Suede, joüira du même privilege, quoique chargé fur des navires étrangers. *T. de Brom. art. 3. & fuivans. T. de Rof. art. 4. T. de Cop. art. 3.*

DANNEMARC.

Les Rois de Dannemarc pourront porter dans leur écu les armes de Suede, pourvû qu'ils ne prétendent en inférer aucun droit, aucune prétention fur cette Couronne. *Traité de Sieredic, rappellé par le Traité de Coppenhague.*

Le Roi de Suede renonce en faveur du Roi de Dannemarc, & du Duc de Holftein-Gottorp, à tous les droits qu'il peut avoir, comme Duc de Bremen, fur les Comtés de Delmen-horft & de Ditmarfen, & fur les biens de quelques Gentilshommes du Holftein. *T. de Rof. art. 13. T. de Cop. art. 18.*

Par le quinziéme article du Traité de Coppenhague, la Suede renonce aux droits que fes conquêtes lui ont donnés fur les Provinces qu'elle reftituë au Dannemarc. En lifant cet article on croiroit qu'il eft queftion de deux peuples barbares qui ne reconnoiffent d'autre droit que celui du plus fort, & qui penfent qu'il fuffit de s'emparer d'un pays pour en devenir le légitime maître. Je ne fuis point furpris que cette erreur fubfiftât en 1660. puifqu'aujourd'hui même elle n'eft point encore tombée dans le mépris qu'elle mérite, & qui l'attend. Un Prince eft fans doute en droit de conquerir une Province qui lui appartient, & qu'on refufe de lui reftituer. Il peut même étendre fes conquêtes au-delà du païs qu'il redemande, pour punir son ennemi de son injustice, & se dédommager des frais de la guerre qu'on l'a forcé de faire. Mais les armes par elles-mêmes ne donnent aucun titre pour posseder, elles en supposent un antérieur, & ce n'est que pour constater ce droit contesté & équivoque, qu'on fait la guerre. S'il en étoit autrement, un Prince dépoüillé par son ennemi n'auroit plus aucun droit sur les pays qu'on lui a enlevés, & par conséquent il seroit ridicule que le vainqueur exigeât de lui une cession par les Traités de Paix. On peut ajouter ici un raisonnement bien simple ; si les conquêtes par leur nature forment un droit de possession pour le Conquerant, il est inutile que la guerre soit fondée sur des motifs injustes ou légitimes. Mais qui oseroit avancer une pareille proposition ? puisqu'il n'y a point d'homme raisonnable qui ne doive avoüer qu'un Etat qui a pris les armes sans de justes causes, doit dédommager son ennemi de toutes les pertes qu'il a faites pendant la guerre.

SUEDE, DANNEMARC.

Les Rois de Suede & de Dannemarc renoncent à toute alliance qu'ils auront contractée au préjudice l'un de l'autre. Ils ne pourront en former de pareilles dans la suite , & chaque contractant refusera tout secours direct ou indirect à l'ennemi de l'autre. *T. de Rof. art. 2. T. de Cop. art. 2.*

Ces deux Princes entretiendront sur leur territoire , chacun à ses dépens , les feux qu'on a coutume d'allumer entre Schagem & Salsterboo , pour favoriser la navigation. La Suede consent à ne jamais exiger aucun impôt dans le détroit du Sund ; mais le Dannemarc lui payera tous les ans , en deux payemens égaux , la somme de 3500 Rischdalles. *T. de Cop. art. 6.*

Tout vaisseau Suedois en passant le Sund , saluera le Château de Cronembourg , qui lui répondra de son canon. Tout vaisseau Danois , dans le même détroit , saluera le Château d'Elsembourg , qui lui répondra de même. Les navires Suedois & Danois, en fe rencontrant, ne baifferont point les voiles du grand mât. *T. de Cop. art.* 7.

Quand l'un des deux Rois voudra faire paffer plus de cinq vaiffeaux de guerre, ou plus de 1200 foldats de l'Océan dans la mer Baltique, ou de cette mer dans l'Océan, il en avertira l'autre trois femaines auparavant. Le Roi de Suede fera fa notification à Elfeneur ou à Nibourg, & le Roi de Dannemarc la fienne à Elfembourg. *T. de Cop. art.* 8.

POLOGNE, MAISON DE BRANDEBOURG.

Les habitans de Wifmar & de la Pomeranie feront rétablis dans tous les droits, privileges & franchifes que leur accorde le Traité d'Odenfée. *T. de Bromfebroo, art.* 34. Quand ce dernier Traité fut conclu le 17. Août 1645. la Couronne de Suede étoit en poffeffion de Wifmar & de toute la Pomeranie. Les habitans des conquêtes qu'elle a confervées par le Traité d'Ofnabruch, joüiffent dans le paffage du Sund & du Belth de toutes les prérogatives accordées aux Suedois mêmes. Ainfi le trente-quatriéme article du Traité de Bromfebroo ne regarde que les Pomeraniens de la Pomeranie Ultérieure , fujets de la Maifon de Brandebourg. En vertu du Traité d'Odenfée conclu le 23 Juillet 1560 , leurs vaiffeaux doivent être traités dans les Détroits du Sund & du Belth comme ceux de la Nation la plus favorifée. Je remarquerai que depuis 1660 jufqu'en 1720 quand le Dannemarc a promis à quelque peuple de le traiter comme la Nation la plus favorifée , il faut toujours excepter la Suede , qui pendant ce temps-là a joüi de privileges uniques aufquels elle a été forcée de renoncer après la mort de Charles XII. On verra dans le huitiéme Chapitre de cet Ouvrage , les changemens qui font arrivés dans le Nord depuis le commencement de ce fiécle , & que les Traités de Stokholm & de Neuftadt ont dérogé à plufieurs articles de ceux dont je rends compte ici.

Le Roi de Suede & l'Electeur de Brandebourg renoncent aux Traités faits entr'eux le 17 Janvier 1656 à Konifberg ; le 25 Juin 1656 à Marienbourg ; le 20 Novembre 1656 à Labiavic. Ils les déclarent nuls & comme non avenus, & proteftent qu'ils ne prétendront jamais en inferer aucun droit contre la Pologne. *T. d'Ol. art.* 25. Par ces Traités l'Electeur Frederic-Guillaume reconnoiffoit fon Duché de Pruffe pour un Fief de la Couronne de Suede ; Charles-Guftave le déchargeoit de tout Vaffelage, & lui donnoit en toute fouveraineté la Province de Warmie dans la Pruffe Royale, & quelques Palatinats en Pologne.

La Pruffe Ducale eft déclarée indépendante ; mais au défaut d'hoirs mâles dans la poftérité de Frederic-Guillaume, Electeur de Brandebourg, la République de Pologne rentrera dans tous fes droits fur cette Province. *T. de Velau, art.* 5 *&* 6.

Au lieu des anciens devoirs de Vaffelage dûs par la Pruffe à la Pologne, il y aura une alliance éternelle entre ces deux Puiſſances. Frederic-Guillaume & ſes deſcendans, Ducs de Pruſſe, ne pourront jamais s'allier avec les ennemis de la Pologne, leur fournir des munitions de guerre ou de bouche, ni leur accorder le paſ-ſage ſur leurs terres. Dans toutes les guerres défenſives que la République de Pologne aura à ſoutenir, le Duc de Pruſſe lui fournira quinze cens hommes de pied, & cinq cens che-vaux, dont elle payera la ſolde dès qu'ils feront entrés ſur ſes terres. *T. de Vel. art.* 9. 11. *&* 12.

De ſon côté la République de Po-logne s'engage à défendre le Duché de Pruſſe contre tous ceux qui vou-dront l'attaquer. Les Troupes Polo-noiſes y auront en tout tems un libre paſſage, & celles de Pruſſe paſſeront librement ſur les terres de la Couron-ne de Pologne. *T. de Vel. art.* 13. 14 *&* 15.

Dans un autre article de l'alliance de Velau, la Pologne s'étoit engagée de payer à la Cour de Berlin trois

cens mille Rifchdalles , & de lui laiffer Elbing jufqu'à l'entier payement
de cette fomme. Par une fuite d'évenemens extraordinaires , il arriva que
cette derniere claufe ne fut point exécutée , & dès-lors on doit fentir que
la République de Pologne ne fe hâta
pas de s'acquitter. L'Electeur de Brandebourg ne s'endormit point fur fes
interêts , il renouvella mille fois fes
demandes ; & las de ne recevoir aucune réponfe fatisfaifante, il prit enfin
le parti de fe faire juftice par lui-même. Il fit marcher un Corps d'armée
vers Elbing , qui, fans fonger à faire la
moindre réfiftance , lui ouvrit fes portes le 11 Novembre 1698.

Augufte I I. Roi de Pologne, s'en
plaignit comme d'un attentat énorme
contre le Droit des Gens. Il chercha
à intimider l'Electeur ; mais n'ayant
pû y réuffir , & ne voulant pas fe faire
un ennemi dangereux dans le moment qu'il rempliffoit le Nord de fes
intrigues , & qu'il méditoit une rupture avec la Suede , il fe prêta à un
accommodement qui fut figné à Var-

ſovie le 12 Décembre 1699. On re-
nouvelle dans ce Traité tous les articles de l'alliance perpetuelle de Velau, *art.* 1. & 9. L'Electeur de Brandebourg s'engage de rendre aux Polonois le 1 Février 1700, la Ville d'Elbing, à condition que leur République lui payera trois cens mille Riſchdalles trois mois après la tenuë de la
prochaine Diéte, & que la veille de
l'évacuation d'Elbing on lui remettra
entre les mains les Joyaux de la Couronne pour lui ſervir de caution. *T. de*
Vel. art. 2. 3. & 4. Dans le cas que
les Polonois manquaſſent à leur engagement, l'Electeur de Brandebourg
pouvoit rentrer dans Elbing, & per-
cevoir les fruits de ſon Territoire juſqu'à l'entier payement des trois cens
mille Riſchdalles convenuës. *T. de V.*
art. 5.

L'EMPEREUR & LA SUEDE.

L'un & l'autre s'en tiendront reſ-
pectivement aux diſpoſitions du Traité d'Oſnabruch. *T. d'Ol. art.* 22.

MAISON DE HOLSTEIN.

Le Roi de Dannemarc satisfera le Duc de Slefwic - Holftein - Gottorp. *T. de Rof. art.* 22. En conséquence Frederic III. Roi de Dannemarc, & le Duc de Holftein fignerent à Coppenhague le 22 May 1658 un Traité, par lequel le premier cede au fecond, pour lui & pour fes defcendans mâles, le Duché de Slefwic, & l'Ifle de Fehmeren en toute fouveraineté ; lui fait le tranfport du Chapitre de Slefwic, à la réferve de quatre Prébendes, & lui donne le Bailliage de Schwabftadt. On renouvelloit encore les anciennes unions de 1533 & de 1623 ; c'eft-à-dire, que l'on confirmoit la communauté de gouvernement qui donne aux deux Contractans un égal pouvoir fur le Duché de Holftein, l'un & l'autre recevant également l'hommage & le ferment de fidélité des Sujets, & ceux-ci ne devant obéïr qu'aux ordres qui partent de la régence commune des deux Souverains. On ne

peut gueres imaginer un gouvernement plus vicieux ; & il femble qu'on
auroit dû établir un partage dans le
domaine, mais non pas dans l'autorité,
fi l'on eût voulu que la paix fubfiftât
entre les Rois de Dannemarc & les
Ducs de Holftein. Le Traité dont je
viens de parler , fut accompagné de
deux diplômes de Frederic III. rati-
fiés par le Senat de fon Royaume.

Les Tranfactions paffées à Coppenhague le 22 May 1658 entre le
Roi de Dannemarc & le Duc de Slef-
wic-Holftein-Gottorp , feront exac-
tement obfervées. *T. de Cop. art.* 27.

CURLANDE.

Le Duc de Curlande qui fera rétabli dans fes Etats , promet de ne nuire
en aucune façon à la Couronne de
Suede , & remplira néanmoins tous
les devoirs de Vaffal à l'égard du Roy
& de la République de Pologne. *T.
d'Ol. art.* 6.

Les Rois de Suede, comme Ducs
de Livonie, n'éxigeront à l'avenir au-

cune redevance des Ducs de Curlande. *T. d'Ol. art. 4.*

POLOGNE. RUSSIE.

Les Duchés de Smolenfco, de Severie, de Czernigove, & la Ville de Kiow avec le Territoire qui s'étend à un mille de fes murs, refteront en la poffeffion du Czar. Le Borifthene, depuis Kiow jufqu'au pays des Tartares, fervira de borne aux deux Puiffances. *Traité de Mofcou de 1686, art. 3.* Les précedens Traités de Treve font rappellés dans celui-ci, & maintenus dans toute leur force, à la réferve des articles aufquels il fera dérogé.

Le Czar ne prendra point fous fa protection les Cofaques de la rive droite du Borifthene. Réciproquement la République de Pologne ne protégera point ceux de la rive gauche du même fleuve. Les Contractans empêcheront que les uns & les autres Cofaques ne faffent entr'eux des ligues & des affociations. *Treve*

de

de 1667, *art.* 4. *Treve de* 1672, *art.* 7.

Les Contractans inftruiront les Tartares Nogais de leur amitié. Si ces Peuples font quelque irruption fur leurs terres, les deux Puiffances les repoufferont; s'ils font foutenus par la Porte, on lui déclarera la guerre. *T. de* 1667, *art.* 18.

Les Mofcovites ne recevront point de Sujets de la République de Pologne dans leurs Troupes. Les Polonois de leur côté ne recevront point de Mofcovites dans les leurs. *T. de Mofcou*, *art.* 24.

CULTE RELIGIEUX.

Les Catholiques du Duché de Pruffe auront le libre exercice de leur Religion, & pourront poffeder toute forte de Charges civiles. *T. de Velau*, *art.* 16. Les Catholiques de l'Ifle de Ruynen ne feront point troublés dans leur croyance, mais ils ne pourront exercer le culte de leur Religion que dans leurs maifons. Les Livoniens joüiront des mêmes privileges. *Traité d'Ol. art. 4.*

Tous les Sujets de Suede & de Moſcovie commerçant les uns chez les autres, pourront profeſſer librement leur Religion. Il leur ſera permis de s'aſſembler dans des maiſons particuliéres ; mais ils ne pourront conſtruire des Temples. Les Ruſſes conſerveront celui qu'ils ont à Revel. *T. de Pleyſſemond, art. 11.*

Dans les lieux cedés par la Ruſſie à la Pologne, & par la Pologne à la Ruſſie, il y aura liberté de conſcience, mais ſans exercice public pour la Religion qui ne ſera pas celle du Prince. On en excepte cependant les Fauxbourgs de Kiow & de Smolenſco, où les Catholiques Romains pourront avoir des Egliſes. *Traité de Moſcou, art. 9.*

NOMS DES PRINCES Contrac-ctans & Garants de la Paix du Nord.

L'Empereur Leopold, comme chef

de la Maison d'Autriche , la Suede ,
la Pologne , & l'Electeur de Brandebourg s'engagent à une garantie générale de tous les articles arrêtés dans
le Traité d'Oliva. S'il arrive que quelqu'un d'eux soit attaqué ou troublé ,
contre la disposition de cette Paix ,
on interposera d'abord ses bons offices ; mais si les injures se font les armes à la main , on prêtera ses forces
à l'offensé au plus tard deux mois
après qu'il en aura fait la réquisition ,
& jusqu'à ce que la paix soit solide-
ment rétablie. *T. d'Ol. art.* 35.

Les mêmes Princes garantissent de
la même maniere tous les articles de
la paix qui se traite à Coppenhague
entre la Suede & le Dannemarc ; &
le Traité qu'on y conclura , sera censé
faire partie de celui d'Oliva. *T. d'Ol.
art.* 31.

Le Roi de France garantit à chacun des Princes contractans tous les
articles des Traités d'Oliva & de
Coppenhague. *Trait. d'Ol. art.* 36.
Trait. de Cop. art. 34. L'Angleterre
& les Provinces-Unies se rendent aussi

garants du Traité de Coppenhague, & promettent, dès qu'elles en feront requifes, de venger les contraventions qui y feront faites. *T. de Cop. art.* 34.

Lorfque les Traités dont je viens de faire l'analyfe furent conclus, l'ufage des garanties n'étoit pas ancien en Europe. Quelqu'autre chofe devoit y fuppléer, car les Princes n'ont jamais beaucoup compté fur leurs promeffes réciproques. Pendant long-temps on a juré l'obfervation des Traités fur les Reliques les plus accréditées, fur le bois de la vraye Croix, fur les Evangiles & fur le Corps même de Jefus - Chrift. On promettoit de ne fe point faire relever de fon ferment, & en cas d'infraction on fe foumettoit aux Cenfures Eccléfiaftiques. Dans le célébre Traité de Cambray, que François I. & Charle-Quint conclurent le 3 Août 1529 en explication de celui de Madrid, on en trouve un exemple bien frappant. Ces Princes *en cas de contravention fe foumettent aux Jurifdictions, Coërcitions & Cenfures Eccléfiaftiques, juf-*

ques à l'invocation du bras féculier in-
clufivement ; & conftituent leurs Pro-
cureurs , in forma Cameræ Apofto-
licæ, pour comparoir en leurs noms en
Cour de Rome , pardevant Notre Saint
Pere le Pape , ou les Auditeurs de la
Rote , & fubir volontairement la con-
damnation & fulmination defdites Cen-
fures.

On ne-fe contentoit point de ces
précautions , & jamais les Princes ne
faifoient un Traité , fans y nommer
quelques perfonnes qui étoient fpécialement chargées de veiller à fon exécution , & aufquelles on donnoit le
nom de Confervateurs. Ce n'étoient
quelquefois que de fimples Miniftres ,
dont le devoir étoit de s'aboucher de
temps en temps dans un lieu marqué
pour réparer à l'amiable les infrac--
tions faites aux Traités , pour châtier
les Infracteurs , & pour applanir les
difficultés qu'on n'avoit pas prévûes ,
ou qui naiffoient de quelque expreffion
équivoque. L'ufage de ces Confervateurs encore ufité aujourd'hui entre la
Porte Ottomane & les Puiffances voi-

fines qui traitent avec elle, étoit fage-
ment établi, fur-tout dans un temps
où les Princes ne tenoient point
d'Ambaffadeurs ordinaires les uns
chez les autres. Quelquefois, mais
plus rarement, on commetoit les Gouverneurs de Province, pour veiller
d'une maniere fpéciale à la confervation de la paix dans leur Gouvernement. Ils jugeoient fouverainement de
toutes les plaintes qu'on leur portoit
fur cette matiere, puniffoient les cou-
pables, & réparoient les torts.

Il y avoit une troifiéme efpece de
Confervateurs, qui, pour me fervir de
l'expreffion ancienne, donnoient leur
fcellé aux Traités, & s'engageoient
par un acte particulier de fe déclarer
contre leur Souverain même en cas
de quelque infraction de fa part, &
d'embraffer les intérêts de fon ennemi.
On ne fe contentoit point de demander le fcellé des plus grands Ssigneurs
d'un Etat, on exigeoit encore celui
des principales Villes. C'eft ainfi que
dans le Traité de Senlis du 23 May
1493 les Villes de Paris, Roüen,

Lyon, Poitiers, Tours, Angers, Orléans, Amiens & Tournay sont nommées pour Charles VIII. & celles de Louvain, Bruxelles, Anvers, Bois-le-Duc, Gand, Bruges, Lille, Douay, Arras, S. Omer, Mons, Valenciennes, Utrecht, Midelbourg & Namur pour l'Empereur Maximilien, & l'Archiduc Philippe son fils.

Le Seigneur de Bevres, un des Conservateurs de la paix de Senlis, s'exprime ainsi dans son scellé. *Sçavoir faisons, que nous desirant de tout notre pouvoir obéir à mesdits Seigneurs, (Maximilien & son fils) considerant les grands biens qui de ladite paix & l'entretenement d'icelle pourront avenir à mesdits Seigneurs Roi des Romains & Archiduc, leursdits Pays & sujets, avons promis & juré, promettons & jurons par cettes, d'entretenir & faire entretenir ledit Traité de paix en tous & chacuns les points & articles y contenus. Et que s'il y étoit contrevenu par mesdits Seigneurs les Roi des Romains & Archiduc son fils, ou par le futur mari de Madame Marguerite, ou au-*

tre de par eux, ce que Dieu par sa bonté ne veüille souffrir, & de laquelle contravention ne fut faite restitution & réparation dedans six semaines prochaines ensuivant, nous en ce cas serons tenus d'abandonner & délaisser mes susdits Seigneurs Roi des Romains & Archiduc & chacun d'eux, & donnerons en dit cas faveur, aide & assistance, à icelui Seigneur Roi très-Chrétien.

C'est, si je ne me trompe, dans le Traité de Blois du 12 Octobre 1505, qu'on nomme pour la premiere fois des Princes Etrangers pour Conservateurs. Il y est dit que Loüis XII. Roi de France, & Ferdinand, Roi d'Arragon, prieront le Roi d'Angleterre de vouloir bien agréer la qualité de Conservateur de leur Traité. *Rogabunt dicti Christianissimus & Catholicus Reges Serenissimum Angliæ Regem, quod hujus pacis, fraternitatis & ligæ Conservator existat.* On suivit cet exemple dans le Traité qui fut conclu trois ans après à Cambrai entre Loüis XII. & l'Empereur Maximilien. On

est

est convenu, disent ces Princes, que le Pape, les Rois d'Angleterre & d'Arragon, & les Princes de l'Empire seront les Conservateurs de ce Traité, qu'ils en feront exécuter tous les articles ; & qu'en cas de contravention, ils aideront de toutes leurs forces la partie lésée. *Conventum est quod Sanctissimus Dominus noster, Serenissimique Reges Angliæ & Aragoniæ, ac etiam sacri Romani Imperii Principes, sint hujus pacis, unionis & concordiæ, & singulorum in eis contentorum, conservatores & fide jussores, & totis viribus assistent ei qui prædicta observaverit contra alium non observantem.*

On doit regarder les Traités de Blois & de Cambrai comme les premiers modeles des garanties aujourd'hui si ordinaires parmi nous. Cette méthode devoit s'accréditer d'autant plus aisément, que les Princes avoient éprouvé que les sermens les plus solemnels & les plus sacrés n'étoient qu'une foible barriere que l'intérêt avoit toujours franchie sans scrupule.

Tome I. L

D'ailleurs en se soumettant, en cas d'infraction, aux Censures Ecclésiastiques & à l'excommuniment, comme s'expriment Charles VII. Roi de France, & Philippe le Bon, Duc de Bourgogne, dans le fameux Traité d'Arras, ils se dégradoient, & fournissoient à la Puissance Ecclésiastique des prétextes de se mêler du temporel des Rois, & de confondre des droits, qui pour le bonheur des peuples ne peuvent être séparés par des bornes trop fixes ni trop marquées.

L'usage des Conservateurs auroit produit bien des désordres, si c'eût été autre chose qu'une formalité. Les Seigneurs & les Bourgeois des Villes auroient été les Juges de la justice de la guerre & de la paix, & sous prétexte de remplir les engagemens de leur scellé, ils auroient pû se faire l'habitude de ne jamais obéir à leur Prince. Tous ces usages barbares disparurent à mesure que les Rois agrandirent leur autorité sur leurs sujets, & que la politique les lia entr'eux par un commerce plus étroit.

CHAPITRE III.

Traités particuliers conclus entre les différentes Puissances de l'Europe depuis la pacification de Westphalie, jusqu'à la guerre de 1701.

JE rassemble sous ce titre tous les Traités qui n'ont aucun rapport aux grandes pacifications, & dont l'objet est trop peu considérable pour mériter chacun en particulier un Chapitre à part.

LES SUISSES, LEURS ALLIE'S.

L'article sur lequel je m'étendrai davantage, regarde le Corps Helvétique. Ayant à parler de la Paix de Bade qui termina le 7 Mars 1656 la guerre que les Cantons de Zurich & de Berne faisoient à ceux de Lucerne, d'Ury, de Schwitz, d'Undervald & de Zug, j'ai cru devoir rendre compte tout de suite de la Paix d'Araw, dont les fages reglemens font capables de rendre toute fa force à l'ancienne union des Suiffes.

Je n'aurois fait aucune mention de leurs guerres particulieres , ni des Traités de paix qui les ont terminées ; fi les treize Cantons, unis par des liens femblables à ceux qui attachent les Provinces-Unies les unes aux autres , ne formoient qu'une République ; ou que chacun d'eux, en vertu des Loix & des Conftitutions Helvétiques , fût foumis à une Diete générale, comme les Princes du Corps Germanique font fujets à celles de l'Empire. Mais les perfonnes un peu inftruites fçavent que le Corps Helvétique doit plutôt être appellé la Ligue que la République des Suiffes, & que les treize Cantons forment autant de Républiques indépendantes. Ils fe gouvernent par des principes tout différens ; chacun d'eux conferve tous les droits de Souveraineté , & traite à fon gré avec les Etrangers ; leur Diete générale n'eft point en droit de faire des reglemens, ni d'impofer des loix.

„ Tant s'en faut, dit l'Auteur de
„ *l'Etat de la Suisse*, que les treize
„ Cantons ne faffent qu'un Corps,
„ qu'il n'y a que les trois plus anciens
„ qui foient liés directement avec
„ chacun des douze autres. A la vé-
„ rité il y a une telle connexion éta-
„ blie entre les treize Cantons, que
„ fi l'un étoit attaqué, les douze au-
„ tres feroient obligés de marcher à
„ fon fecours ; mais ce feroit par la
„ relation que deux Cantons peuvent
„ avoir avec un troifiéme, & non
„ pas par une alliance directe que
„ chacun des treize Cantons a avec
„ tous les autres. Par exemple, parmi
„ les huit vieux Cantons, Lucerne
„ n'a droit d'en appeller que cinq à
„ fon fecours, en cas qu'il fut atta-
„ qué ; mais alors quelques-uns de
„ ces cinq ont le droit d'en appeller
„ d'autres avec lefquels ils font alliés,
„ quoique Lucerne ne le foit pas : de
„ forte qu'à la fin ils font tous obligés
„ de marcher en vertu de leurs allian-
„ ces particulieres , & non pas en
„ vertu d'une alliance générale qui

„ fubfifte entre tous les Cantons.

Jufqu'au commencement du feiziéme fiécle, rien ne fut capable d'alterer l'union des Suiffes. Zuingle en 1516 précha fes nouvelles opinions; elles fe répandirent; le goût de la nouveauté tenta pour la premiere fois le Corps Helvétique; & ce que n'avoient pu faire l'ambition, la jaloufie, la différence d'intérêt ni un gouvernement établi fur des principes condamnés par une fage politique, fut l'ouvrage de quelques difputes théologiques. L'aigreur qui s'y méla, les fit dégénérer en une guerre pouffée avec vigueur, foutenue avec opiniâtreté, & qui ne finit qu'en 1531, en laiffant à chaque Canton la liberté de profeffer la Religion qu'il jugeroit à propos.

„ Avant le changement de Reli-
„ gion, dit l'Auteur que j'ai déja
„ cité, qui arriva en Suiffe à peu près
„ au même tems qu'en Allemagne,
„ on n'y connoiffoit d'autres Dietes
„ que les générales, & l'intérêt com-
„ mun de leur patrie étoit ménagé

„ avec beaucoup de zele & d'una-
„ nimité. Mais depuis qu'une partie
„ des Cantons a embraſſé la Religion
„ Proteſtante, & que l'autre a reſté
„ attachée à la Catholique Romaine,
„ leur état a été diviſé auſſi-bien que
„ leur Egliſe. Dès-lors leur confiance
„ mutuelle ſe perdit; le zele de cha-
„ que Parti pour ſa Religion engen-
„ dra des haines, ils devinrent jaloux
„ des deſſeins l'un de l'autre ; & l'on
„ peut dire que la réformation fut un
„ coup qui fendit en deux le Corps
„ Helvétique. Car comme l'intérêt
„ de la Religion entre plus ou moins
„ dans toutes leurs actions publiques,
„ les Dietes générales ne s'y aſſem-
„ blent à préſent que pour regler les
„ affaires de leurs Bailliages com-
„ muns, & pour conſerver les appa-
„ rences extérieures d'une union qui
„ n'eſt plus parmi eux. Au lieu qu'en
„ effet toutes les affaires publiques
„ qui ſont de quelque importance,
„ ſe traitent dans les Dietes particu-
„ lieres des deux Religions ; dont
„ celles des Proteſtans ſe tiennent à

,, Araw , & celles des Catholiques
,, Romains à Lucerne : lequel étant
,, le Canton le plus puiſſant d'entre
,, eux , agit à leur tête , comme Zu-
,, rich eſt à la tête des Proteſtans.

Sur la fin de 1655 quelques habitans du Canton de Schwitz ayant
embraſſé la nouvelle Doctrine , voulurent ſe retirer dans le Canton de
Zurich , & y tranſporter leur bien.
On les arrêta , & malgré les remontrances des Proteſtans , & la protection qu'ils accordoient à ces fugitifs ,
ils furent condamnés à mort , & exécutés comme Anabaptiſtes. Il n'en
fallut pas davantage pour allumer la
guerre. Les Cantons de Zurich & de
Berne voulurent tirer vengeance du
Canton de Schwitz qui fut ſoutenu
par ceux de Lucerne , d'Ury , d'Undervald & de Zug. La France & les
Cantons de Bale , de Fribourg , de
Soleure & de Schaffouſe interpoſe-
rent leur médiation ; on en vint à un
accommodement , il fut ſigné à Bade
le 7. & ſelon d'autres Hiſtoriens, le
8. Mars 1656.

On convint en général que chaque Canton conserveroit sa Religion, son indépendance, & ses droits de souveraineté; que la décision de tous les différends, quelque fut leur objet, qui pourroient s'élever entre les membres de la Ligue Helvétique, seroit remise à des arbitres. Qu'il y auroit liberté de conscience dans les Provinces qui sont sujettes des treize Cantons; & que pour ce qui regarde le changement de Religion & la liberté de passer avec ses effets d'un Canton dans un autre, chaque Contrée se conformeroit à ses usages anciens.

Cette paix ne devoit être qu'une paix plâtrée, puisqu'on ne regloit rien en particulier sur la cause des démélés qui avoient rompu l'union. Cependant des stipulations aussi vagues & aussi peu propres à remédier aux troubles dont le Corps Helvétique étoit menacé, y entretinrent la paix jusqu'en 1712, que les Cantons de Zurich & de Berne prirent les armes en faveur des Toggenbourgeois.

L'Abbé de S. Gal, comptant sur la

protection des Cantons de Lucerne , d'Ury , de Schwitz , d'Undervald , & de Zug qui embrasserent en effet ses intérêts avec chaleur , vexoit depuis quelque tems le Comté de Toggenbourg. Ce Prelat formoit tous les jours de nouvelles prétentions sur des Sujets qui se flatoient d'être presqu'indépendans. Il voulut enfin les gêner dans l'exercice de leur Religion , & sur le champ on vit s'évanoüir la sagesse & la modération qui rendent le Corps Helvetique si recommandable dans l'Europe. Toute la Suisse fut en armes ; les Troupes s'assemblerent & marcherent ; les Catholiques furent battus à Bremgartin , & le premier Traité d'Araw fut conclu le 18 Juillet 1712.

La tranquillité publique auroit dèslors été retablie , si une disgrace étoit capable d'abattre la fermeté des Suisses. Les Cantons de Schwitz , d'Undervald & de Zug refuserent de ratifier la paix qu'on venoit de conclure. La guerre continua , & il y eut une seconde action à Wilmargue le 25

Juillet. Les Catholiques entierement défaits n'eurent d'autre reſſource que de ſigner le 9 Août 1712 le ſecond Traité d'Araw, qui confirmoit celui du mois précedent, & dont les conditions furent plus avantageuſes encore aux Vainqueurs. Mais ce ne fut que le 15 Octobre 1718 que les differends de l'Abbé de S. Gal avec le Comte de Toggenbourg furent définitivement terminés par le Traité de Bade.

Avant que de rapporter les articles de cette Pacification, auſſi célebre dans l'alliance Helvetique que les Traités de Munſter & d'Oſnabruck le ſont en Allemagne ; je dois faire remarquer que les Suiſſes, ne voulant pas ſacrifier leur liberté à l'envie de s'aggrandir, ne ſe mêlent jamais des conteſtations qui s'élevent entre les Puiſſances étrangeres. Ils obſervent une exacte neutralité ; ne ſe rendent garants d'aucun engagement, & ne tirent d'autre avantage des guerres qui déſolent ſouvent l'Europe, que de vendre indifferemment des hommes à leurs Alliés, & aux Princes qui ont recours à eux. Les Suisses croyent être assés puissans s'ils conservent leurs Loix. Ils habitent un pays qui ne peut exciter l'ambition d'aucun de leurs voisins ; & si j'ose le dire, ils sont assés forts pour le défendre contre les forces réunies de toute l'Europe. Invincibles quand ils seront unis, & qu'il ne s'agira que de fermer l'entrée de leur patrie, la nature de leur gouvernement ne leur permet pas de faire des progrès au dehors. Pourquoi donc s'intéresseroient-ils aux querelles de leurs voisins ? S'ils sont liés par des Traités de fraternité avec les Grisons, le Valais, Neufchatel, S. Gal, Geneve, Mulhausen, &c. & par conséquent obligés de les protéger & de les défendre contre les violences de leurs ennemis ; c'est que ces petits Etats ne peuvent les engager dans aucune mauvaise affaire, qu'ils n'ont aucune ambition, qu'ils respectent leurs voisins, & que formant pour la plûpart une barriere qui les couvre, il feroit de l'intérêt du Corps Helvetique de les secourir quand il n'y seroit pas obligé par des Traités.

Les Suisses ont des alliances avec le S. Siége, l'Empire, la Cour de Turin, la Maison d'Autriche, le Grand Duché de Toscane, &c. mais ces alliances ne font faites que pour un tems borné, & ordinairement elles ne doivent durer que pendant le regne du Prince qui les contracte, & les quatre ou cinq premieres années de celui de son Successeur. Je me borne à dire que ces Traités ne font que de simples capitulations sur les levées de Troupes qui seront permises dans les Cantons, sur leur solde, leur discipline, leurs privileges, & qu'en général ils ne contiennent rien d'assez intéressant pour trouver place dans ce Recueil. Il n'en est pas de même du Traité que le Canton de Berne conclut en 1712 avec les Provinces-Unies, ni des engagemens que Loüis XIV. prit la derniere année de son regne avec les Cantons Catholiques & la République de Valais ; aussi en donnerai-je l'analise après avoir parlé des deux Traités d'Araw.

PAIX D'ARAW.

Les Cantons de Zurich & de Berne posséderont en propre le Comté de Bade avec ses dépendances, en y comprenant la Ville de Bremgartin. *Premier Traité d'Araw, article* 1. jusqu'alors ce pays avoit appartenu aux huit vieux Cantons qui l'avoient conquis en 1415 sur la Maison d'Autriche.

Toute la partie des Bailliages libres, appellés communément Frey-Amter, qui s'étendra jusqu'à la ligne droite tirée de Lunckhofen à Farwangen, sera cedée aux deux mêmes Cantons, en conservant cependant tous ses droits à celui de Glaris qui n'a point pris part à la derniere querelle. L'autre partie des Bailliages libres restera à ses anciens Maîtres. Le Canton de Berne sera associé à la Con-souveraineté des sept vieux Cantons, & son tour de Regence succédera à celui de Zurich. *Second Traité d'Ar. art.* 2. & 4. Les Frey-Amter avoient été conquis par les sept vieux Cantons sur la Maison d'Autriche en même tems que le Comté de Bade.

Zurich & Berne posséderont la Ville de Rapperswil avec ses dépendances. Ce dernier Canton sera admis au droit de Con-souveraineté sur la Thurgovie, le Rheintal & le pays de Sargans, & il exercera sa régence immédiatement après le Canton de Zurich. *Second Traité d'Ar. art.* 4. La Thurgovie & le Rheintal ont été conquis sur la Maison d'Autriche par les sept vieux Cantons. Appenzell en se faisant Canton, fut admis à la Con-souveraineté sur cette derniere Province. Les sept vieux avoient achetté le Comté de Sargans des derniers Comtes de ce nom.

Stein ne sera plus compris dans la souveraineté de la Thurgovie. La Régence de cette Ville appartiendra à ses Bourgeois, sans nuire cependant aux droits des Cantons de Berne, de Fribourg & de Soleure. *Premier Tr. d'Ar. art.* 1.

On annulle & casse le Traité de

Paix de 1531. il fera regardé comme non avenu, celui d'Araw devant déformais faire loi entre les Cantons. *Premier T. d'Ar. art. 2.*

Les Cantons de Zurich & de Berne promettent de laiffer une entiere liberté de confcience aux habitans des pays qui leur font cédés; de nommer aux Dignités Ecclefiaftiques des fujets pris tour à tour dans les cinq louables Cantons Catholiques qui en partageoient la Souveraineté, & de n'établir aucun nouvel impôt. Les Bourgeois qui voudront fe tranfporter dans quelque autre contrée de la Suiffe, ou même chez les Etrangers, ne payeront aucun droit de fortie ni d'aubaine pendant deux ans. *Premier T. d'Ar. art.* 1.

Dans les Provinces qui font foumifes à des Cantons de différente Religion, les Proteftans joüiront des mêmes privileges que les Catholiques; il y aura une parfaite égalité entre eux. Les accufations & les informations fecrettes y feront abolies. Les orphelins auront des Tuteurs de leur religion.

gion. L'une sera appellée la Religion Catholique , & l'autre la Religion Evangelique ; & il est également défendu à ceux qui les professent, d'employer des termes injurieux ou des railleries en parlant de leur culte respectif. Un criminel condamné à mort, sera assisté par le Ministre de la Religion qu'il demandera. *Premier Traité d'Ar. art. 2.*

Les Catholiques & les Protestans auront leurs Fonds Baptismaux & leurs Cimetieres particuliers dans les lieux où l'Eglise est commune aux deux Religions ; les premiers qui y feront l'Office , feront obligez d'en sortir à huit heures du matin en été & pendant le printems , & à neuf heures dans les autres saisons , à moins qu'on ne prenne à l'amiable d'autres arrangemens. Si ceux d'une Religion veulent faire bâtir une Eglise à leur usage , ils le pourront à leurs dépens. Dèslors ils perdront tout droit sur l'Eglise dans laquelle ils avoient part ; on leur permet toutefois de traiter pour cette renonciation. C'est-à-dire , que les

Proteſtans qui voudront, par exemple, élever un Temple, pourront faire part de leur vûë aux Catholiques, & voir en quoi ceux-ci veulent contribuer à leur entreprife, afin d'avoir une Eglife dans laquelle ils foient feuls les maîtres d'exercer leur Religion. *Premier T. d'Ar. art. 2.*

On partagera les Charges & les Magiſtratures entre des perſonnes des deux Religions. Le Greffier de la Thurgovie fera Catholique, & la Charge de Land-Amman, dans le même pays, fera poſſedée par un Evangelique. La premiere Magiſtrature du Rheintal & du Sargans, fera entre les mains d'un Catholique; & la feconde, dans celles d'un Proteſtant. Les autres Officiers, tant Civils que Militaires, comme Baillifs, Juges du lieu, Huiſſiers, Officiers ordinaires, Procureurs, Avocats, &c. feront en nombre égal des deux Religions. Toutes les affaires concernant les droits de Régale, & les Ordonnances générales du Gouvernement, de la Police & du Militaire, feront portées à l'Affemblée générale des Cantons Con-fouverains , qui nommeront un nombre égal de Commiffaires choifis dans les deux Religions, pour porter un jugement définitif. Dans les Dietes générales, il y aura deux Secretaires , l'un Catholique, l'autre Evangelique ; leurs Protocoles feront lus en pleine affemblée , & feront rendus conformes. *Premier T. d'Ar. art.* 2.

On ne pourra conftruire aucune fortification dans les Seigneuries communes ; & fi les Cantons Con-fouverains venoient à avoir la guerre entre eux , aucun des deux partis ne pourra folliciter ni obliger les fujets communs à prendre les armes en fa faveur. *Premier T. d'Ar. art.* 2.

PAIX DE BADE. ABBAYE DE S. GAL , COMTE' DE TOGGENBOURG.

Le Comté de Toggenbourg fera fujet de l'Abbaye de Saint Gal , mais il confervera tous fes privileges anciens. Le Conseil de ce pays sera composé de trente Catholiques & de trente Protestans, choisis par les habitans mêmes. Ce Conseil sera chargé d'imposer les contributions. Il veillera à la conservation des droits du Comté & à ses interêts. En cas que l'Abbé & le Chapitre de Saint-Gal lui refusent justice, il sera le maître de recourir à ses Alliés, & de demander leur protection. Les Toggenbourgeois professeront librement & à leur gré la Religion Catholique ou Protestante. Chacune des deux aura un nombre égal de Magistrats de sa Communion. Les revenus annuels du Comté seront partagés en deux parts, dont l'une appartiendra à l'Abbé de Saint Gal, & l'autre à la Caisse du pays, &c. *T. de Bade.*

CANTON DE LUCERNE, PRINCIPAUTE' DE NEUFCHATEL.

Le Canton de Lucerne reçoit en sa Com-bourgeoisie le Duc de Longueville, Comte de Neufchâtel & de Valengin, de même que le pays & les hommes de ces deux Comtés, & promet de les défendre contre toute violence, telle qu'elle puisse être. *Traité de Lucerne conclu le 9. Novembre 1693.*

CANTON DE BERNE, PROVINCES-UNIES.

Les Etats Généraux des Provinces-Unies, & le louable Canton de Berne, se promettent une étroite & perpetuelle amitié. *Traité conclu à la Haye entre ces deux Puissances le 21. Juin 1712. art. 1.*

La République de Berne défendra les Provinces-Unies, si on les attaque dans leur propre domaine, ou dans la Barriere qui leur sera donnée par la paix. Les Etats Généraux seront les maîtres d'employer les troupes de ce Canton qu'ils tiennent à leur service, pour la défense de tous les pays que la Couronne de la Grande-Bretagne possede en Europe. *Traité de la Haye, art. 2.*

Le Canton de Berne laiſſera aux Etats Généraux les vingt quatre Compagnies de ſes troupes qui ſont à leur ſervice ; mais ſi quelque Puiſſance étrangere l'attaque directement par quelque hoſtilité commiſe ſur. ſes terres , ou indirectement dans ſa barriere , il pourra les rappeller. Si cette Republique n'eſt en guerre qu'avec quelqu'autre Canton du Corps Helvetique , il ne lui ſera pas libre d'exiger des Etats Généraux le renvoy de ſes vingt quatre Compagnies ; mais les Provinces-Unies lui payeront dans ce cas un ſubſide équivalent à la paye qu'elles donnent à ces Troupes. Elles payeront encore le même ſubſide , ſi le Canton de Berne ayant à ſoutenir une guerre étrangere , ne demande pas le rappel de ſes vingt quatre Compagnies. En ſuppoſant leur rappel , le Canton de Berne s'engage de les rendre aux Etats Généraux , dès qu'il aura fait ſon accommodement. Pendant la Paix les Provinces-Unies pourront reduire chacune des vingt quatre Compagnies Bernoiſes à 150 hommes. *T. de la Haye*, *art.* 4. 6. 7. *& 11.*

Toutes les fois que les Provinces-Unies foutiendront une guerre défenfive, la République de Berne leur permettra de faire chez elle une levée de quatre mille hommes, & fournira les Recruës néceffaires pour tenir ce Corps de Troupes complet; à moins qu'elle ne foit elle-même en guerre, ou qu'elle n'ait de juftes raifons de craindre des hoftilités de la part de quelqu'un de fes voifins.. *T. de la Haye*, *art.* 4.

Les Etats Généraux s'engagent à prendre la défenfe du Canton de Berne, de la ville de Geneve fa Barriere, & de fes Combourgeois les Comtes de Neuf-Chatel & de Valengin, Bienne & Munfterthal, toutes les fois que quelque Puiffance les attaquera. *T. de la Haye*, *art.* 5.

Les vingt quatre Compagnies Bernoifes qui font à la folde des États Généraux, ne feront données qu'à des Bourgeois de la Ville de Berne ou à des fujets du Canton. Lorfque les

Provinces-Unies feront de nouvelles levées dans le Pays de Berne, le Canton en nommera les Capitaines. *T. de la Haye, art. 9. 10. & 12.*

Il ne fera pas permis d'employer les Compagnies Bernoifes au préjudice des Traités, que les loüables Cantons du Corps Helvetique ont faits avec la France & la Maifon d'Autriche. Mais comme ces alliances font purement défenfives, la République de Berne ne fouffrira point que la France ou la Maifon d'Autriche, fe fervent de fes fujets au-delà des termes prefcripts, ni que ces Puiffances les employent contre les Provinces-Unies ou contre leur Barriere. *T. de la Haye, art. 17.*

Les Troupes Bernoifes à la folde des Etats Généraux, ne ferviront que fur terre. On ne pourra les tranfporter par mer dans aucun pays étranger: on excepte cependant le Royaume de la Grande Bretagne, quand il s'agira de fa défenfe. *Convention du 5. Janvier 1714. fignée à la Haye par les Etats Généraux & le Canton de Berne.*

Cette

Cette piece ne contient que des détails peu interessans au sujet de la discipline des Suisses.

LIGUES GRISES, PROVINCES-UNIES.

Il y aura à perpetuité une union défensive entre les Etats Généraux des Provinces-Unies & les Ligues Grises. *Traité d'alliance entre ces deux Puissances, conclu à la Haye le 19. Avril 1713. art. 1.*

Les Ligues Grises s'engagent à défendre les possessions des Etats Généraux & leur Barriere. Les Provinces-Unies pourront employer les Grisons qu'ils soudoyent, à la défense de tous les Etats que la Grande - Bretagne possede en Europe. *Traité de la Haye, art. 2.*

Les Etats Généraux conserveront toujours à leur service dix Compagnies de Grisons, & il sera permis aux Officiers qui les commandent, de faire dans le Domaine des Ligues Grises les recruës nécessaires pour completter ce corps de troupes. Si les Ligues Grifes font obligées de foutenir une guerre défenfive, les Provinces-Unies leur donneront par forme de fubfide, une fomme pareille à celle que leur coûte actuellement l'entretien des dix Compagnies Grifonnes & de leur Etat Major. Dans ce cas, les Ligues pourront rappeller les deux tiers de leurs Officiers, fi les Etats Généraux font en paix, & un tiers feulement s'ils font en guerre. A l'égard des dix Compagnies, on ne les rappellera dans aucun tems, ni dans aucune circonftance. *Traité de la Haye, art. 3. & 6.*

Si les Etats Généraux font attaquez par quelque Puiffance ennemie, ils leveront un corps de deux mille hommes & fes recruës fur le territoire des Ligues, à moins qu'elles ne foient elles-mêmes en guerre, ou qu'elles ne foient fondées à la craindre. *T. de la Haye, art. 4.*

Les Etats Généraux promettent de défendre en toute occafion les trois Ligues Grifes, leur Pays & leur Souveraineté. Ils accedent au Traité qu'elles ont paſſé avec l'Angleterre le 13. Mars 1707. & s'engagent à employer leurs bons offices pour en procurer l'entiere exécution. *T. de la Haye, art.* 5. Le Traité dont il eſt ici parlé, fut conclu à Coire entre l'Empereur Joſeph & la Reine Anne d'une part, & les Griſons de l'autre. Les Ligues avoient permis aux Troupes Imperiales le libre paſſage ſur leurs terres, à de certaines conditions que les Cours de Vienne & de Londres ne ſe hâterent de remplir.

Les dix Compagnies Griſonnes à la ſolde des Provinces-Unies, ſeront données à des ſujets des Ligues, & les Etats Généraux pourront les réduire chacune à 150. hommes en tems de paix. *T. de la Haye, art.* 7.

C ANTONS C ATHOLIQUES
DU C ORPS H ELVETIQUE,
RE'PUBIQUE DE V ALAIS,
F RANCE.

Tous les Traités d'alliance conclus

entre la France & le Corps Helvetique, feront fidelement obfervés. *Tr.
de Soleure du 9. Mars 1715. entre
Loüis XIV. d'une part, & les Cantons
Catholiques de la Suiffe & la République de Valais de l'autre, art. 2.*

L'alliance de Soleure eft contractée
au nom de tous les Rois de France,
Succeffeurs de Loüis XIV. Ils la ra-
tifieront à leur avénement au Trône,
& promettront d'en remplir exacte-
ment tous les articles. Les Cantons
Catholiques de la Suiffe & la République de Valais renouvelleront en
même temps leurs promeffes. Alors
on pourvoira aux chofes qui n'auront
pas été prévûes dans ce Traité ; & on
remédiera aux abus que la différence
des conjonctures & le laps de temps
auront pu apporter dans l'obfervation
de quelque engagement. *T. de Soleure,
art. 3.*

Si le Royaume de France eft attaqué par quelque ennemi étranger ou
domeftique, les Cantons Catholiques
permettront, dix jours après qu'ils en
auront été requis, de faire chez eux

une levée qui n'excédera pas le nombre de 16. mille hommes. Elle se fera
aux dépens du Roi très-Chrétien qui
en nommera les Officiers. Ces troupes
ne seront employées que sur terre.
Dès que la guerre sera terminée, le
Roi de France les renvoyera, après
avoir payé la solde qui leur sera dûe
jusqu'au jour de leur arrivée dans leurs
maisons. *Trait. de Soleure , art.* 4.

Si le Corps Helvétique, ou quelque
Canton en particulier , est attaqué par
une Puissance Etrangere , le Roi très-
Chrétien lui donnera tous les secours
convenables. S'il est troublé par une
guerre domestique , ce Prince employera ses bons offices pour porter
les Parties à un juste accommodement. Mais en cas que cette voye ne
réussisse pas, il employera ses forces
sans exiger aucun subside , & obligera
l'Agresseur à rentrer dans les regles
prescrites par les alliances que les
Cantons ont contractées. Les Rois
de France prendront toujours sous
leur protection & sous leur garantie
les Traités que les Cantons feront

entr'eux. *Traité de Soleure, art. 5.*

Le Roi de France ne permettra à aucun de ſes ſujets de ſervir quelque Puiſſance que ce puiſſe être contre le Corps Helvétique. De leur côté les loüables Cantons ni leurs ſujets ne pourront jamais agir hoſtillement contre la Couronne de France, ſoit en attaquant ſes armées, ſoit en entrant ſur les terres de ſa domination. *Trait. de Soleure, art. 20.*

Si quelque Succeſſeur de Loüis XIV. vouloit rentrer en poſſeſſion des Terres & Domaines énoncés dans l'alliance que François I. contracta en 1521. avec le Corps Helvétique, les Cantons lui refuſeront tout ſecours. *Trait. de Soleure, art. 22.* Les Domaines dont il eſt ici queſtion, ce ſont les Etats d'Italie ſur leſquels les Rois de France avoient de juſtes prétentions, & qu'ils ont inutilement voulu conquérir par des guerres opiniâtres qui ont occupé les Regnes de Charles VIII. & de ſes Succeſſeurs juſqu'à Henry II. Loüis XIV. à l'exemple de ſes Prédéceſſeurs qui ont

traité avec les Suisses, se qualifie dans
l'alliance de Soleure de Duc de Mi-
lan, Comte d'Ast, Seigneur de Genes, &c. Ce Prince avoit pris les mêmes titres dans les renouvellemens
d'alliance du 1. Juin 1658, & du 4.
Septembre 1663.

On peut demander si l'usage de
prendre les titres de certaines Provinces qu'on ne possede pas, mais sur
lesquelles on a des droits, équivaut à
une protestation, & suffit pour empêcher la prescription. Il faut distin-
guer ; si un Prince qui continue à
prendre le titre d'une Principauté
dont il a été dépoüillé, ne fait aucun
acte d'où l'on puisse conclure qu'il
autorise l'usurpation de son ennemi,
il n'est pas douteux que son titre ne
tienne lieu d'une protestation conti-
nuelle. Mais s'il se dément dans sa
conduite, les qualités qu'il prend ne
peuvent plus avoir aucune force, &
on ne les regarde que comme l'ouvrage de sa vanité. Ces titres ne signi-
fient rien aujourd'hui dans l'Europe.
J'ai oüi dire que Charles II. avoit eu

envie de vendre à Loüis XIV. celui de Roi de France, dont les Rois d'Angleterre fe parent ; mais que le Miniftre François à qui on en fit l'ouverture, fe contenta de répondre en plaifantant, que le Roi fon Maître avoit auffi un titre de Roi de Navarre dont il fe déferoit à bon marché. Il eft d'ufage dans un Traité où l'un des Contractans prend une qualité que l'autre ne doit pas reconnoître, d'inferer une claufe particuliere par laquelle on convient que les titres pris de part & d'autre ne préjudicieront à perfonne.

Dans le cas que les Suiffes fe liguaffent avec la France pour faire la guerre à quelque ennemi commun, les Contractans conviendront des opérations militaires, & ne concluront que de concert des Traités de treve, de fufpenfion d'armes & de paix. *Traité de Soleure, art.* 23.

Aucun des Contractans ne fouffrira fur fes terres les ennemis de l'autre. On leur refufera le paffage & tout fecours. *T. de Soleure, art.* 27.

Si la France vouloit attaquer le S. Siege, l'Empire, la Maison d'Autriche, la Seigneurie de Florence, ou quelque autre Allié du Corps Helvétique, les Cantons & la République de Valais se réservent la faculté de ne point l'aider. Mais dans le cas que le Roi très-Chrétien fut attaqué par quelqu'une de ces Puissances, les contractans lui fourniront des secours. *T. de Soleure, art. 34.*

On s'oblige de part & d'autre à donner un libre passage aux troupes qui marcheront pour la défense de l'un des Contractans, ou qui n'iront même qu'au secours de quelqu'un de leurs Alliés. On observera sur la route une discipline exacte, & les soldats payeront en argent comptant tout ce qui leur sera fourni. *Tr. de Soleure, art. 29.*

L'alliance des Rois de France comme la plus ancienne du Corps Helvétique, sera préférée à celle de tous les autres Potentats. *T. de Soleure. art. 35.*

PAIX DE LA HAYE.

Portugal. Provinces - Unies.

Les Provinces-Unies renoncent à toutes leurs prétentions sur le Bresil, à condition qu'il leur sera permis d'y faire toute sorte de commerce, à l'exception de celui du Bois de Bresil, & de naviger & commercer dans tous les Ports, Rades, Havres & Places que les Portugais ont sur les Côtes d'Afrique. *Traité de paix & d'alliance entre le Portugal & les Provinces-Unies, conclu à la Haye le 6. Août 1661. art. 2. 3. & 4.* Les Contractans resteront en possession des Villes, Places, Châteux, &c. dont ils se trouveront saisis, soit aux Indes Orientales soit ailleurs, quand la paix y sera publiée, chacun d'eux renonçant aux prétentions qu'il pourroit former. *T. de la Haye, art. 6.*

Les Provinces-Unies s'étoient emparées du Bresil & des Indes Orientales, pendant que le Portugal étoit sous la domination des Espagnols.

Après que ce Royaume eut recouvré son indépendance, il rechercha l'amitié des Hollandois, qui, malgré les Traités, continuerent à lui faire une guerre fourde. La Cour de Lifbonne fongea férieufement à fa défenfe, & elle fe conduifit avec tant de fageffe, qu'elle réuffit en 1657. à chaffer entierement les Hollandois des établiffemens qu'ils s'étoient faits dans le Brefil. Les Etats Généraux déclarerent alors la guerre aux Portugais ; elle fut terminée par le Traité que je viens de citer, & dont je parlerai plus au long dans le Chapitre du Commerce qui terminera cet Ouvrage. Je dois cependant remarquer qu'il eft dit dans le quatriéme article de ce Traité, que fi le Roi de Portugal viole quelqu'une des conditions de cette paix, les Provinces-Unies rentreront dans tous les droits aufquels elles renoncent. Ceux de Sa Majefté Portugaife doivent auffi revivre, dans le cas que les Etats Généraux enfreignent quelque article du Traité.

Paix de Breda.

Angleterre. Provinces-Unies. France. Dannemarc. Evêché de Munster.

Il ne se passa rien de bien considérable dans la guerre qui fut terminée à Breda le 31. Juillet 1667. entre l'Angleterre d'une part, & la France, le Dannemarc & les Provinces-Unies de l'autre. Les hostilités avoient commencé deux ans auparavant à l'occasion de quelques Forts dont les Anglois s'étoient emparés dans la Guinée, & d'où les Hollandois les avoient chassés. Les Provinces-Unies mal secondées par des Alliés qui n'avoient embrassé leur querelle que parce qu'ils y étoient obligés en vertu de quelques Traités, consentirent aisément à s'accommoder. Cette paix ne changea point la situation des Contractans. On se rendit réciproquement tout ce dont on s'étoit emparé pendant la guerre, & après les articles ordinaires dans tous les Traités de paix, articles qui

ne font en quelque forte que de ftile,
ou qui n'ont rapport qu'aux circonftances préfentes, on ne ftipula gueres
que des conventions qui regardent le
commerce.

Depuis la mort de Charles I. Cromwel, qui fous le titre de Protecteur
d'Angleterre, en étoit devenu le Roi
abfolu, ne manqua jamais d'exiger des
Puiffances avec lefquelles il traitoit,
qu'elles ne donneroient aucun azile
aux Anglois fugitifs & rebelles, ni
aux ennemis de fon gouvernement.
En remontant fur le Trône de fon
pere, Charles II. fuivit cet exemple,
& dans le Traité de Breda les États
Généraux s'engagerent à ne fouffrir
aucun de fes ennemis dans leurs Domaines.

Les navires de guerre & marchands
des Provinces - Unies falueront, en
abaiffant la grande voile & le pavillon
du grand mât, les vaiffeaux Anglois
qu'ils rencontreront dans les Mers Bri-
tanniques. *T. de Breda, art. 9.* Treize
ans auparavant Cromwel avoit forcé
les Hollandois à ce falut, par le Traité

de Weſtmeinſter du 15. Avril 1654.
art. 13.

L'accommodement conclu entre Charles II. & Frederic III. Roi de Dannemarc, contient deux articles aſſez importans. Dans le premier on convient de l'abolition de la dette de 120. mille riſchdalles que le Dannemarc avoit contractée avec la Compagnie des Marchands Anglois établie à Hambourg. *T. de Breda, art.* 5. Par l'autre, Frederic III. conſerve ſes prétentions ſur les Iſles Orcades & l'Iſle de Hitland, que les Rois de Norvege avoient autrefois engagées à l'Ecoſſe, à condition de pouvoir les racheter à leur volonté. *Acte ſigné par les Ambaſſadeurs de Suede & de France au Congrès de Breda.*

L'Evêque de Munſter prit part à la querelle de l'Angleterre avec les Hollandois. Le Prélat qui occupoit alors le Siége de cette Egliſe, c'eſt le célebre Van-Galen, ſi connu par ſon génie & ſes qualités militaires. Toujours inquiet, toujours actif, le repos étoit pour lui un état violent, & il fut tour à tour l'ennemi ou l'allié de toutes les Puiſſances qu'il put attaquer, ou qui le mirent en état de faire la guerre. C'eſt lui que par plaiſanterie le Cardinal de Boüillon appelloit le Monſieur Pavillon, l'Evêque d'Alet, d'Allemagne.

Ce Prélat, à qui Charles II. avoit promis des ſubſides conſiderables, entra dans la Province de Hover-Hiſſel; & comme s'il eut été queſtion d'exterminer juſqu'au nom des Provinces-Unies, il commença les hoſtilités par des ravages dignes d'Attila. Il avoit déja fait pluſieurs conquêtes, lorſque les Hollandois lui enleverent Lokon. Cet échec, les lenteurs de la Cour de Londres à lui envoyer des ſecours, & les bons offices de la France, le déterminerent à ſe prêter à un accommodement. Son Traité de Paix avec les Provinces-Unies, fut conclu à Cleves le 18. Avril 1666. l'Empereur, Loüis XIV. les Electeurs de Mayence, de Cologne & de Brandebourg, les Ducs de Neubourg, de Brunſwich & de Lunebourg, & l'Evêque de Paderborn en furent garants.

Sauf tous les droits de l'Empire, l'Evêque de Munſter renonce à toute prétention de ſuperiorité ſur la Ville & le Château de Borculoë. *T. de Cleves.*

PAIX DE LISBONNE.

Eſpagne. Portugal.

L'Eſpagne cede à la Maiſon de Bragance le Royaume de Portugal dont elle reconnoît l'indépendance, & ne retient en ſon pouvoir que la Ville de Ceuta. *T. de Liſbonne du 13. Février 1668. art. 2.* Ce fut alors ſeulement que finit la guerre que ces deux Puiſſances ſe faiſoient depuis 1640. qu'éclata la fameuſe révolution, dont tout le monde connoît l'hiſtoire. Les Eſpagnols ne ceſſerent de traiter les Portugais de révoltés que quand ils déſeſpererent de les ſoumettre. La France avoit travaillé inutilement à leur réconciliation dans les Congrès de Weſtphalie & des Pyrénées.

PAIX D'AIX-LA-CHAPELLE.
France. Espagne.

A la mort de Philippe IV. Roi d'Espagne, arrivée le 17. Septembre 1665. Loüis XIV. prétendit que la Reine sa femme avoit des droits sur le Brabant, le Cambresis, les Duchés de Luxembourg, de Namur, &c. en vertu des Loix reçuës dans ces pays, par rapport aux successions. La France fit ses demandes à la Cour de Madrid, qui les rejetta avec hauteur. Refusant pendant un an & demi de se prêter à aucune négociation, elle fut assez imprudente pour ne pas mettre les Pays-Bas en état de défense. Loüis XIV. y entra à la fin du mois de Mai 1667. ses conquêtes furent rapides, Tournay & Oudenarde ne tinrent que deux jours, Doüay trois, & Lille neuf. Les Provinces-Unies jetterent l'allarme, & s'étant liguées le 28. Janvier 1668. avec l'Angleterre & la Suede, elles offrirent leur mediation, & notifierent qu'elles se déclareroient contre la Puiſſance qui rejetteroit la Paix. Elle fut concluë à Aix-la-Chapelle le 2. Mai ſuivant.

L'Eſpagne cede à la France les Villes & Places de Binch, Charleroy, Ath , Doüay , Scarpe , Tournay , Oudenarde , Lille , Armentieres , Courtray , Bergues & Furnes , avec leurs territoires & leurs dépendances, pour en joüir en pleine ſouveraineté. Le Traité des Pyrénées eſt rappellé & confirmé dans tous ſes articles. *T. d'Aix-la-Chapelle , art. 3. 4. & 8.*

Paix de Versailles.

France. Genes.

La Republique de Genes ſur la fin de 1683. donna divers ſujets de mécontentement à la France. Cette Couronne l'accuſoit de nuire à quelques branches de ſon commerce en Italie ; de s'être déclarée d'une maniere indécente, & dans toutes les occaſions, en faveur des Eſpagnols , & d'avoir comploté avec eux de brûler ſes galeres & ſes vaiſſeaux dans les

Ports de Marseille & de Toulon. Le Marquis de Seignelay chargé d'exiger une satisfaction sur tous ces griefs, parut avec une Escadre considérable à la hauteur de Genes le 17. Mai 1684. ce Ministre offrit la Paix aux Genois en les menaçant de les bombarder ; malheureusement leur Sénat se piqua d'une fermeté qui ne pouvoit durer. Il n'auroit point tenté de mesurer ses forces avec celles de la France , si les grandes terres que la plûpart de ses Nobles possedent dans le Royaume de Naples, ne l'avoient forcé à avoir des menagemens pour la Cour de Madrid. La Paix entre la France & Genes fut concluë à Versailles le 12. Février 1685.

La Seigneurie de Genes renonce à tous les Traités de ligue & d'association qu'elle peut avoir faits depuis le commencement de 1683. & désarmera les galeres qu'elle a équipées. *T. de Versailles , art. 3. & 4.* il est inutile de parler ici de ce qui regarde la Maison de Fiesque ; mais je ne dois pas passer sous silence le second article de ce Traité. Il eſt important en ce qu'il déroge aux loix fondamentales de la Republique de Genes.

Le Doge & les quatre Senateurs qui ſe feront rendus à la Cour de France, rentreront à leur retour à Genes, dans l'exercice de leurs Charges & Dignités, ſans qu'il en puiſſe être mis d'autres à leurs places pendant leur abſence, ni lors qu'ils feront retournés, ſinon après que le temps ordinaire de leur Gouvernement ſera expiré.

En 1672. il s'éleva quelques différends entre la Republique de Genes & le Duc de Savoye au ſujet de leurs limites reſpectives. La médiation du Roi de France ſuſpendit les premieres hoſtilités, & la paix fut ſignée à Turin le 8. Mars 1673. Je n'ai point rendu compte de ce Traité, qui n'apporta aucun changement dans les affaires des contractans.

ACCOMMODEMENT DE PISE.

Saint Siege. France. Maison Farneze.
Maison de Modene. Nation Corse.

La nation Corse sera déclaré incapable de servir dans Rome & dans toute l'étenduë de l'Etat Ecclésiastique. *T. de Pise*, *signé le* 12. *Février* 1664. *art.* 12. Ce Traité termina les querelles formées entre la Cour de France & la Cour de Rome, au sujet de l'insulte que la garde Corse avoit faite le 20. Août 1662. au Duc de Crequy. Quand cette malheureuse affaire survint, les deux Puissances aigries l'une contre l'autre, n'avoient point oublié leurs démêlés au sujet des franchises. La France exigea une réparation d'autant plus authentique, que le Pape sembloit approuver l'attentat de sa garde, & ne se rendit qu'à la crainte, & non pas à la justice. Le troisiéme article du Traité de Pise regarde la fameuse pyramide que Loüis XIV. permit de démolir en 1667. sous le Pontificat de Clement IX.

Le Pape revoquera l'incameration des Etats de Caſtro & de Roſiglione. Le Duc de Parme en prendra poſſeſſion, en payant à la Chambre Apoſtolique la ſomme qu'il lui doit d'un million 329 mille 750 écus. Cette ſomme ſera délivrée en deux payemens égaux, & dans l'eſpace de huit ans. Au premier payement le Duc de Parme entrera en poſſeſſion d'une moitié de ces Etats déſincamerés. *T. de Piſe, art.* 1. Cet article n'a jamais été exécuté, quoique le Duc de Parme ait fait toutes les diligences néceſſaires pour rentrer dans les Duchés de Caſtro & de Ronciglione. La Cour de Rome qui étoit reconciliée avec la France, refuſa conſtamment de ſe déſaiſir ; & la Maiſon Farneze, trop foible pour forcer le Pape à remplir ſes engagemens, ſe contenta de proteſter contre les violences qu'on lui faiſoit. Cette affaire auroit eu une iſſuë différente, ſi l'Infant Don Carlos qui avoit hérité de tous les droits de la Maiſon Farneze, n'eut cedé par la Paix de Vienne de 1738. le Duché de Parme à l'Empereur Charles VI. qui s'engagea de ne point pourſuivre la déſincameration de Caſtro & de Ronciglione.

Le Pape dédommagera le Duc de Modene des prétentions qu'il a ſur la Place & les Vallées de Comachio. *T. de Piſe*, *art.* 2. Cette convention n'a pas mieux été exécutée que la précédente ; mais les droits de la Maiſon d'Eſt n'ont été infirmés par aucun acte poſtérieur. Voyez le dixiéme Chapitre de cet Ouvrage, où je donne l'analyſe du Traité de Rome, que le Pape Benoît XIII. & l'Empereur Charles VI. conclurent le 25. Novembre 1724.

RENONCIATIONS.

MAISON D'ORLEANS. MAISON DE SAVOYE.

Anne d'Orleans, fille de Philippe de France, Duc d'Orleans, & de Henriette d'Angleterre, renonce à tous droits ſucceſſifs & autres qui lui pourroient appartenir & échoir du côté paternel. *Contrat de Mariage de cette Princeſſe avec Victor Amedée, Duc de Savoye, art.* 5.

MAISON DE SAVOYE. MAISON DE BAVIERE.

Adelaïde de Savoye, en se mariant à Ferdinand de Baviere, renonce à tous ses droits, moyennant une dot de 200 mille écus d'or ; cependant si la posterité de son frere Charles Emanuel II. Duc de Savoye, vient à manquer, cette renonciation sera regardée comme nulle, & non avenuë, & Adelaïde ou ses ayans cause, rentreront dans tous leurs droits. *Contrat de Mariage d'Adelaïde de Savoye avec Ferdinand, Prince Electoral de Baviere. 4. Décembre 1650.*

MAISON DE BAVIERE. FRANCE.

Marie-Anne Christine, Princesse Electorale de Baviere, & femme de Loüis, Dauphin de France, fils de Loüis XIV. fait une renonciation entiere & générale, en faveur des Princes de sa Maison, à tous les droits qui peuvent lui appartenir par sa naissance.

Contrat

Contrat de Mariage signé à Munich le 31. Décembre 1679. art. 2.

ACQUISITIONS, CONCESSIONS.

France. Maison de Bouillon.

En échange des Souverainetés de Sedan, Raucourt, & de la partie du Duché de Boüillon, que la Maison de ce nom possede, le Roi de France lui donne les Duchés d'Albret & de Château-Thierry, les Comtés d'Auvergne & d'Evreux, &c. *Contrat passé à Paris le 20. Mars 1651.*

PROVINCES-UNIES.
ORDRE TEUTONIQUE.

Les Etats Généraux des Provinces-Unies cédent à l'Ordre Teutonique la Souveraineté du lieu & territoire de Gemert, à condition qu'on leur payera 40 mille florins, & que la Jurisdiction Civile de cette Place demeurera à la ville de Bois-le-Duc. *T. de la Haye du 14. Juin 1662. entre l'Archiduc Leopold, comme Grand Maître de*

l'Ordre Teutonique , & les Etats Gé-
néraux des Provinces-Unies.

FRANCE. ANGLETERRE.

La France acquiert la ville de Dunkerque & son territoire , le Fort de
Mardik , le Fort de Bois, & le grand
& le petit Fort qui sont entre Dunkerque & Bergues - Saint - Vinox , en
payant cinq millions de livres tournois à Charles II. Roi d'Angleterre.
T. de Londres , du 27. Octobre 1662.
Le Cardinal Mazarin ayant formé le
projet d'enlever cette Place aux Espagnols , se ligua avec Cromwel, qui la
fit bloquer par mer , tandis que les
François en faisoient le siége par terre.
Une des conventions de cette alliance,
fut que Dunkerque resteroit entre les
mains des Anglois. On blâma beaucoup la politique du Cardinal Mazarin , & ce fut avec raison. On sent
combien il étoit fâcheux pour les François, que l'Angleterre , leur éternelle
ennemie , occupât sur leurs frontieres
une Place de cette importance. Le Mi-

niſtre de France dit pour ſa juſtification qu'il falloit s'attacher Cromwel, & que la ceſſion de Dunkerque étoit le ſeul lien ſur lequel on put compter. Je crois qu'il eut tort ; l'intérêt du Protecteur d'Angleterre étoit de ſe déclarer contre l'Eſpagne ; s'il fit ſemblant de l'ignorer, ce fut une ruſe pour vendre plus cher ſon alliance & ſes ſecours aux ennemis de la Cour de Madrid : Voilà ce qui trompa le Cardinal Mazarin , toujours trop porté à croire ce qu'il craignoit.

SUEDE. PROVINCES-UNIES.

Le Roi de Suede & la Compagnie Suedoiſe pour le commerce d'Afrique, renoncent à toutes leurs prétentions ſur Cabo-Corſo , & tranſportent à la Compagnie Hollandoiſe des Indes Occidentales tous les droits qu'ils peuvent avoir ſur cette Place & ſur leurs autres établiſſemens de la Côte de Guinée. *T. de la Haye du* 28 *Juillet* 1667 *, art.* 5. Ce Traité fut conclu pour arrêter le cours des hoſtilités que les Commerçans de Suede

& de Hollande commençoient à faire les uns sur les autres. La Suede demandoit des arrérages de subsides qu'elle prétendoit lui être dûs par les Provinces - Unies. Cette République à son tour se plaignoit que la Suede ne lui eût pas fourni les secours convenus par les Traités précedens. L'une & l'autre se tiennent quitte de tout ce qu'elles pouvoient prétendre pour le passé. *T. de la Haye , art.* 7. *&* 8.

MAISON DE BRANDEBOURG. PROVINCES-UNIES.

Frederic-Guillaume , Electeur de Brandebourg, cede en toute propriété aux Etats Généraux le Fort de Schenk. *Article séparé du Traité conclu entre ces deux Puissances le 8 Mars 1678, à Cologne sur la Sprée.*

FRANCE. STRASBOURG.

Les Preteur, Consuls & Magistrats de Strasbourg & cette Ville reconnoissent le Roi de France pour leur

Souverain Seigneur & Protecteur. *Acte du 30 Septembre 1681 entre Loüis XIV. & les Magiftrats de Strasbourg.* Cet Acte invalide par fa nature, a depuis été ratifié à la Paix de Ryfwick par la Diéte générale du Corps Germanique.

FRANCE. ESPAGNE.

Les Sujets des Couronnes de France & d'Efpagne pourront librement naviger & pêcher dans la Riviere de Bidaffoa, dans fon embouchure & dans la rade de Figuier. Il fera permis aux François de s'approcher de Fontarabie, & aux Efpagnols d'Andaye, pourvu qu'ils ne foient point armés, ou qu'ils ayent obtenu des Gouverneurs de ces Places la permiffion refpective de porter des armes. *Convention fignée à Madrid le 19 Octobre 1683.*

MAISON DE SAVOYE.
PROVINCES-UNIES.

Victor-Amédée, Duc de Savoye, rétablit les Vaudois de la Religion Prétenduë Réformée dans la joüiſſance de tous leurs biens, & leur accorde le libre exercice de leur culte, de même qu'à tout autre de ſes Sujets qui voudra ſe retirer & s'établir dans les Vallées des Vaudois. *T. fait à la Haye le 20 Octobre 1690.* C'eſt par ce Traité que le Duc de Savoye acceda à celui qui fut conclu à Vienne le 12 May 1689 entre l'Empereur Leopold & les Provinces-Unies. Ce dernier Traité fut depuis appellé *la grande Alliance*, parce que tous les ennemis de la France le ſignerent : j'en parlerai dans le Chapitre ſuivant.

ALLIANCES. GARANTIES.

POLOGNE. DANNEMARC.

Les Rois & Etats de Dannemarc & de Pologne forment une alliance perpétuelle, & promettent de ſe ſecourir mutuellement de toutes leurs forces, toutes les fois que l'un ou l'autre des Contractans sera attaqué par la Suede. Ils s'engagent, dès qu'une fois ils auront pris les armes, à ne conclure aucun accommodement particulier. *T. d'Affnen du 28 Juillet 1657.* C'est en conséquence de ce Traité que le Dannemarc secourut la Pologne pendant la guerre que Charles-Gustave y porta, & qui fut terminée par la Paix d'Oliva.

Quelques Politiques blâment ces sortes d'alliances qui ne font point faites pour un tems limité. Ils remarquent avec raison qu'il en naît un engagement qui peut devenir nuisible à l'une des Parties, quand les conjonctures sont changées à son égard, ou qui l'empêche souvent de profiter des avantages que lui présente le cours toujours varié des affaires. Si les grands Etats doivent s'interdire toute alliance perpétuelle, il n'en est pas de même de ceux dont le vrai intérêt est de ne songer qu'à leur propre existence, en se mettant sous la protection d'un voisin puissant.

La claufe par laquelle deux Alliés
fe promettent de ne conclure la paix
que de concert, a des bornes. ,, Il
,, ne feroit pas jufte, dit l'Auteur de
,, l'Effai fur les principes du Droit
,, & de la Morale, que le repos de
,, tous les Etats conféderés dépendît
,, abfolument d'un feul Allié, qui
,, s'obftineroit à rejetter des propo-
,, fitions de paix raifonnables. Tâ-
,, chons de fixer ces bornes comme
,, le Droit des Gens le demande.

,, Celui qui veut entrer en négo-
,, ciation pour la paix, ne doit rien
,, conclure avec l'ennemi commun,
,, fans en avoir fait part à fes Alliés,
,, & fans leur avoir en même-tems
,, déclaré qu'il ne fe détachera pas
,, d'eux, à moins qu'ils ne rejettent
,, des propofitions juftes en totalité.
,, Il doit de bonne foi n'agir que con-
,, féquemment à cette déclaration ;
,, en forte que tant que fes Alliés ne
,, s'obftinent point à rejetter des pro-
,, pofitions telles, qu'on en doive
,, regarder l'exécution comme un
,, jufte réfultat de la guerre, il ne faffe
,, point fa paix particuliere.

„ Mais s'ils s'obſtinent à ne vou-
„ loir pas accepter de telles propoſi-
„ tions, celui qui a amené la négo-
„ ciation à ce point-là en faveur de
„ ſes Alliés, peut faire la paix en
„ ſon particulier, après les avoir
„ avertis de ſa diſpoſition à la con-
„ clure.

Rien n'eſt plus juſte que les réflexions qu'on vient de lire, & elles
doivent ſervir de regle de conduite
aux Puiſſances, qui, en ſe liguant enſemble, ne ſont point convenuës des
objets qu'elles ſe propoſent par la
guerre. Mais quand elles ont ſtipulé
de ne poſer les armes qu'après avoir
obtenu telle ou telle ſatisfaction, la
theſe change : les articles dont on eſt
convenu étant alors regardés comme
le juſte réſultat de la guerre, il faut
qu'ils ſoient remplis avant qu'un des
Alliés puiſſe faire ſa paix particuliére ;
à moins qu'il ne ſoit certain que ſon
Confédéré veut le gagner de vîteſſe,
ou qu'il ne ſoit menacé de ſa ruine
en continuant la guerre. Tout Prince
Conféderé qui, hors ces deux cas,

se prête à quelque convention particuliére, contracte invalidement. Il peut par conséquent manquer à ses promesses, pourvu qu'il se remette dans la même situation où il se trouvoit quand sa paix a été concluë. En finissant cette remarque, je dois avertir que tout Allié qui traite en particulier, doit avoir la prudence de stipuler que son accommodement sera compris dans les Traités définitifs de la paix générale.

FRANCE. NEUFCHATEL.

Il y aura alliance & amitié perpétuelle entre la Couronne de France & les Souverainetés de Neufchatel & de Valengin. Le Roi très-Chrétien pourra faire à sa volonté des levées d'hommes dans ces deux Comtés, après en avoir averti le Souverain. Tous ceux qui voudront entrer au service de France, seront les maîtres de le faire. Leur Prince ne les rappellera point qu'il ne soit attaqué; dans ce cas même ses Sujets ne pourront fe retirer fans avoir un congé qu'on leur accordera toujours. Ils auront la même paye que les Suiffes ; & dans toute l'étenduë du Royaume, ils joüiront des privileges accordés, ou qu'on accordera dans la fuite , aux Cantons du Corps Helvetique.

Les habitans de Neufchatel & de Valengin ne ferviront directement ni indirectement contre la France. Leurs Comtés refuferont tout paffage à fes ennemis , & on le donnera à toutes les Troupes qui font à la folde du Roi très-Chrétien. Deux Compagnies des Gardes-Suiffes de ce Prince feront commandées par des Officiers nés dans ces deux Comtés , ou qui en feront originaires. *Traité conclu à Paris le 12 Décembre 1657 , entre Loüis XIV. & le Duc de Longueville, Prince Souverain de Neufchatel & de Valengin.*

ANGLETERRE. PROVINCES-UNIES.

Si quelque Puiffance , fans en excepter aucune, attaque l'Angleterre dans quelqu'une de ſes poſſeſſions, ou commet contre elle quelqu'acte d'hoſtilité ſur mer, les Provinces-Unies ſeront obligées d'envoyer à ſon ſecours, ſix ſemaines après qu'on en aura fait la réquiſition, quarante vaiſſeaux de guerre. Quatorze de ces vaiſſeaux ſeront depuis ſoixante juſqu'à quatre-vingts piéces de canon, & de quatre cens hommes d'équipage. Quatorze autres depuis quarante juſqu'à ſoixante piéces de canon, & de trois cens hommes d'équipage au moins. Des douze autres vaiſſeaux, aucun ne ſera au-deſſous de trente canons, & de cent cinquante hommes d'équipage. Les Provinces - Unies fourniront encore ſix mille hommes d'Infanterie, & quatre cens chevaux.

Trois ans après l'expiration de la guerre, pendant laquelle les Provinces-Unies auront fourni ces ſecours, l'Angleterre leur rembourſera leurs avances. Pour prévenir toute conteſtation ſur cet article, les frais des quatorze vaiſſeaux de la premiere claſſe ſont fixés à dix-huit mille ſix cens soixante-six livres sterling; ceux des quatorze vaisseaux de la seconde classe, à quatorze mille livres sterling; les douze autres sont évalués à six mille livres sterling; les six mille hommes de pied à sept mille cinq cens livres sterling; les quatre cens chevaux à mille quarante livres sterling, sans compter six mille livres sterling pour les frais de leur levée. *Traité conclu à la Haye entre l'Angleterre & les Etats Généraux, le 23 Janvier 1668, art. 1. & 4.*

L'Angleterre s'engage à remplir les mêmes conditions à l'égard des Provinces-Unies, soit qu'elles soient attaquées hostilement sur terre ou sur mer. *Traité de la Haye, art. 2.*

Les secours seront obligés de prendre l'ordre de la Puissance à laquelle ils auront été envoyés, & de lui obéir. *Traité de la Haye, art. 3.* Le Traité dont je viens de donner l'extrait, a été fait dans un tems que l'Angleterre & les Provinces - Unies se regardoient réciproquement comme des Nations que leur intérêt de-

voit rendre éternellement ennemies.
Ce Traité eſt trop célebre pour être
oublié ici, quoiqu'il n'ait jamais été
mis en exécution, & qu'il ait même
perdu ſa force par l'alliance poſté-
rieure que Charles II. & les Etats
Généraux conclurent à Weſtminſter
le 3 Mars 1678. On en trouvera l'a-
naliſe dans le Chapitre ſuivant.

C'eſt l'uſage de convenir dans les
Traités d'alliance, que l'un des Contractans donnera ſon ſecours à l'autre,
dès que celui-ci ſera attaqué hoſtile-
ment dans quelqu'une de ſes poſſeſſions. Bien des gens condamnent
cette maniere de ſtipuler, & prétendent qu'elle eſt vicieuſe, en ce qu'elle
peut engager un Etat dans une querelle injuſte, & changer une alliance
défenſive en ligue offenſive; car il
arrive tous les jours que le Prince qui
eſt attaqué le premier par la voye des
armes, eſt cependant l'agreſſeur; ſoit
parce qu'il aura refuſé une ſatisfaction
légitime ſur quelque grief, ſoit parce
qu'il ne veut pas ſe défaiſir d'un domaine qu'il poſſede injuſtement.

Il est facile de répondre à ces objections. Bien loin qu'on doive prêter des secours à un Allié qui se fait des ennemis par une conduite injuste, il est défendu de s'associer à sa querelle. On voit par-là que l'autre partie de l'objection qu'on me propose, tombe d'elle même, & qu'il n'est point à craindre qu'une alliance défensive change de nature, & devienne offensive. Il est vrai que dans le cas douteux, où les deux Parties semblent être autorisées à la guerre par des motifs également forts, on devra défendre les interêts de son Allié ; mais il faut avoüer aussi que la morale ne peut désaprouver cette conduite.

Je crois qu'on a raison de stipuler, comme on le fait ordinairement ; car étant question, lorsque l'on forme une ligue défensive, de marquer d'une maniere précise & claire le *cas de l'alliance*, il faut déterminer un point fixe, certain, & qui ne soit sujet à aucune contestation. Et quel autre point peut-on choisir qu'un acte d'hostilité ? Tout autre grief, quel qu'il puiſſe être, qu'on voudra prendre pour le cas de l'alliance, peut former une ſource intariſſable de plaintes, de differends, de chicannes, de conteſtations. Les Traités d'alliance défenſive qui ſont ſi avantageux pour les Nations, deviendroient inutiles, parce qu'il ſeroit aiſé d'en éluder la force.

En ſuivant la méthode ordinaire de contracter, on aſſure le repos public. Un Prince qui ſçait qu'en commettant les premieres hoſtilités, il s'attire ſur les bras les forces des Alliés de ſon ennemi, eſt moins prompt à en venir à une rupture ouverte. Il réprime ſes paſſions ; il tente toutes les voyes de la négociation, & il n'oublie rien pour faire connoître la juſtice de ſa cauſe, & l'injuſtice de celle de ſon ennemi. Tout uſage qui eſt propre à étendre l'empire de la raiſon & de la bonne foi parmi les hommes, doit être adopté avidement, quoique dans de certains cas il puiſſe être ſujet à quelques inconveniens.

Autrefois on étoit très-exact à convenir dans les Traités d'alliance défenſive,

fenſive, qu'on ne donneroit les ſecours promis que deux, trois & même quatre mois après que la réquiſition en auroit été faite ; & cet inter-
valle devoit être employé à réconci-
lier les Parties belligérantes. Nos Plenipotentiaires modernes ont depuis
négligé ces clauſes importantes ; il
n'eſt preſque plus parlé dans leurs
Traités d'interpoſer ſes bons offices
& ſa médiation, ce qui ne peut que
préjudicier au repos de l'Europe.

ANGLETERRE. DANNEMARC.

Il y aura une alliance perpétuelle
entre l'Angleterre & le Dannemarc,
& jamais aucune de ces deux Puiſſances ne donnera de ſecours direct ni indirect aux ennemis de l'autre. Si le Roi
de Dannemarc eſt attaqué dans quelqu'une de ſes poſſeſſions, l'Angleterre
le ſecourra de toutes ſes forces par
terre & par mer. *T. de Weſtminſter du
9. Décembre 1669. entre l'Angleterre
& le Dannemarc, art. 3. & 4.* Il
n'eſt point dit dans ce Traité que le

Dannemarc doive prendre la défense
de l'Angleterre si elle est attaquée.
„ Les Societés, dit l'Auteur, que j'ai
„ déja cité plusieurs fois, étant re-
„ gardées comme léonines, & consé-
„ quemment étant sujettes à résilia-
„ tion, quand pour un avantage égal
„ on ne met pas en commun des va-
„ leurs égales ; il s'ensuivroit qu'en
„ vûe de besoins égaux pour la dé-
„ fense commune, si les alliés pro-
„ mettoient des secours inégaux en
„ valeur, l'alliance pourroit être ré-
„ siliée, ou pourroit donner lieu au
„ Souverain qui auroit fourni les plus
„ grands secours, de demander d'en
„ être dédommagé. Néanmoins cette
„ alliance doit subsister, & sans dé-
„ dommagement ; mais cela vient de
„ ce qu'il n'y a point d'injustice à re-
„ gler les valeurs mises en commun,
„ en proportion de la force des Etats,
„ ou de la générosité des Souverains
„ qui s'allient ensemble. Ou, si l'on
„ veut, une pareille alliance aura rap-
„ port, non pas à un simple contrat
„ de societé, mais à un contrat sans

„ nom, participant de la nature de la
„ societé & de la donation.

DANNEMARC. PROVINCES-UNIES.

Si quelque Puissance entre hostilement dans un des Etats que Sa Majesté
Danoise possede en Europe, les Provinces-Unies lui envoyeront, à leurs
dépens, & deux mois après que la réquisition en aura été faite, les secours
qui seront jugés nécessaires pour sa défense. Si un premier envoi ne suffit
pas, les Provinces-Unies agiront de
toutes leurs forces, & déclareront la
guerre à l'agresseur, sans pouvoir
rien exiger du Roi de Dannemarc
pour les frais de cette guerre. *Traité
d'alliance perpétuelle entre Chrétien V.
& les Provinces-Unies, conclu à Coppenhague le 20. Mai 1673. art. 1.
& 2.*

Si les Etats Généraux se trouvent
dans le même cas, le Roi de Dannemarc leur envoyera, deux mois après
qu'ils l'auront requis, un secours de
quarante vaisseaux de guerre, & de

dix mille hommes de troupes de terre. Les Provinces-Unies lui payeront par an un fubfide de 600 mille Rifchdalles pour l'équipement & l'entretien des vaiffeaux; 110 mille Rifchdalles pour la levée des troupes de terre , & 40 mille 245 Rifchdalles par mois pour leur entretien. Si elles ont befoin d'un plus grand fecours, le Roi de Danne-marc leur fournira vingt mille hom-mes de troupes de terre , & les Etats Généraux doubleront leurs fubfides. Enfin le Dannemarc fera tenu , fi les circonftances le demandent, d'agir de toutes fes forces , en déclarant la guer-re. *T. de Copp. art. 3.*

Les opérations de la guerre feront concertées par les Généraux des deux Puiffances, & aucune d'elles ne fera libre d'entamer une négociation , de conclure une treve ou la paix , fans le confentement de l'autre *T. de Copp. art. 5. & 11.*

FRANCE. SUEDE.

Il y aura une alliance perpétuelle

entre la France & la Suede pour le maintien des Traités de Weftphalie. Si l'un des Contractans eft attaqué contre les difpofitions de cette paix, l'autre lui prêtera toutes fes forces. *T. de Verfailles du 25. Avril 1675. entre Loüis XIV. & Charles XI. art. 20.*

POLOGNE. MAISON D'AUTRICHE.

De quelque nature que foient les différends qui pourroient s'élever entre la Maifon d'Autriche & la République de Pologne, ils feront toujours terminés à l'amiable. Il fera permis à chacun des Contractans de faire des levées d'hommes chez l'autre, pourvû qu'il l'en avertiffe auparavant, & que celui-ci ne foit point en guerre. *T. de Vienne du 24 Avril 1677 entre Leopold comme Chef de la Maifon d'Autriche, & Jean III. Roy de Pologne, art. 1. & 2.*

Le Grand Seigneur faifant des mouvemens qui menaçoient la Chrétienté, les mêmes Princes fignerent à Varfovie le 31 Mars 1683 un Traité d'alliance perpétuelle offensive & défensive contre le Turc. Ils en demandent la garantie au S. Siege, & promettent de faire jurer de leur part, par les Cardinaux Pio & Barberini entre les mains du Pape, l'entiere observation de tous les articles dont ils conviennent. L'Empereur Leopold renonce à tout ce que la Couronne de Pologne peut lui devoir pour les sommes qu'il lui a prêtées pendant la guerre de Charles Gustave. En un mot, les deux Contractans annullent toutes les prétentions qu'ils pourroient former l'un sur l'autre en conséquence de quelque convention ou pacte antérieur que ce puisse être.

MAISON D'AUTRICHE. ETATS DE TRANSILVANIE.

L'Empereur Leopold & les Etats de la Principauté de Transilvanie conclurent à Vienne le 28. Juin 1686. un Traité qui mérite d'être connu, & qui quatre mois après, c'est-à-dire, le 27. Octobre de la même année, fut confirmé par un autre acte passé dans le Camp Impérial près de Balasfalva. Je vais rapporter les articles de ces deux Traités que je rappellerai en parlant plus bas de la paix de Carlowitz.

Leopold s'engage à prendre la défense de la Transilvanie & des Territoires de Hongrie qui y ont été annexés, toutes les fois qu'il en sera requis. Le Prince de Transilvanie commandera en Chef les secours que la Cour de Vienne lui envoyera. *Traité de Vienne, art.* 1. *T. de Balasfalva, art.* 1.

L'Empereur déclare qu'il ne prétend avoir aucun droit sur la Transilvanie ni sur les Terres qui y ont été jointes ; qu'il n'en prendra jamais ni les titres ni les marques d'honneur, & qu'il ne se mêlera en aucune façon de son Gouvernement Eccléfiastique ni politique. *Traité de Vienne, art.* 3. 6. 9. *&* 11. *Traité de Bal. art.* 3. 7, *& suivans.*

Les Etats de Transilvanie conserveront la liberté de se choisir un Souverain selon leurs privileges & leurs usages anciens. Leur Prince pourra à son gré contracter des alliances & former des ligues, pourvû qu'elles ne préjudicient en rien au Traité de Vienne qui doit durer éternellement. *T. de Vienne, art.* 7. *&* 8.

Les Princes de Transilvanie refuseront azile aux ennemis de la Maison d'Autriche, & réciproquement cette Puissance ne pourra donner retraite aux ennemis des Princes & Etats de Transilvanie. *T. de Vienne, art.* 12.

CHAPITRE IV.

Paix de Nimegue, Traités qui y ont rapport.

AVant que de rapporter les articles convenus par les Traités de Nimegue & dans ceux qui y ont rapport, il ne sera pas inutile, je crois, de faire connoître en peu de mots la situation des Puissances les plus considérables de la Chrétienté depuis la la pacification de 1648. juſqu'à la guerre de 1672. & de remarquer quels furent leurs principes de politique avant & après cette guerre célebre.

Jamais la France n'a été ſi puiſſante que depuis la paix de Weſtphalie juſqu'à la guerre de Hollande. Ses forces étoient ſupérieures à celles de chacun de ſes voiſins, & les circonſtances ne permettoient pas à ceux-ci de ſe réunir contr'elle. En remettant en vigueur les anciennes loix de l'Empire, on avoit enlevé à Ferdinand III. la plus grande partie de ſon autorité. Les Dietes étoient libres ; les Princes d'Allemagne avoient ſecoüé le joug ; & concevant que leur liberté devoit avoir pour baſe un équilibre de puiſſance entre le Chef du Corps Germanique & ſes Membres, ils contraĉterent des alliances, & ſe liguerent avec les Princes voiſins qui pouvoient leur prêter des forces & les faire reſpeĉter de l'Empereur.

La liberté de l'Empire étoit un rempart pour la France, & Ferdinand enchaîné par tous les Traités qui précéderent la conclufion de la ligue du Rhin, n'ofa en effet donner aucun fecours à l'Efpagne, pendant la guerre où elle refta engagée après la pacification de Weftphalie. Tout annonçoit la foibleffe de cette Monarchie ; elle avoit été obligée de reconnoître l'indépendance des Provinces - Unies; aux efforts inutiles qu'elle faifoit pour foumettre le Portugal, on devoit juger qu'elle feroit enfin contrainte d'abandonner ce Royaume à la Maifon de Bragance, & de perdre avec lui tout ce qu'il poffédoit aux Indes & en Amérique. Soit que l'ancienne réputation de la Cour de Madrid empêchât de remarquer fa décadence, foit qu'il reftât dans les efprits une certaine impreffion des dangers dont la Maifon d'Autriche avoit menacé fes voifins, Philippe IV. ne trouva aucun Allié, & l'Europe vit fans émotion les avantages des François.

Les Provinces - Unies, depuis fi promptes à s'allarmer fur le fort des Pays-Bas, ne fongeoient gueres alors qu'à profiter des avantages de la paix, pour étendre leur commerce. Les Magistrats ne s'y étoient point encore fait de principe fixe sur les intérêts respectifs de leur République avec ses voisins. Les uns se rappelloient le célebre Traité de Paris du 8. Fevrier 1635. qui leur abandonnoit tous les Pays-Bas, à la réserve de la Flandres, de l'Artois, du Pays de Luxembourg & des Comtés de Namur & de Hainault, dont la France devoit s'emparer; & ils voyoient avec chagrin les Espagnols dans leur voisinage. D'autres se contentoient de désapprouver leur accommodement particulier de Munster, & croyoient qu'après avoir manqué à la France, on ne devoit s'attendre à aucune marque de protection de sa part. Ceux-ci la redoutoient, & vouloient lui opposer des ligues & des confédérations. Ceux-là exhortoient les Provinces-Unies à se borner à elles-mêmes, & à ne jamais prendre les armes que pour défendre leurs possessions. Au milieu de cette diversité de sentimens trop ordi-

naire aux Républiques, & nécessaire
dans un Etat nouveau, il étoit comme impossible de prendre un parti
décisif.

D'un autre côté l'Angleterre, qui
depuis le Regne d'Elisabeth ne s'étoit
point mêlée des affaires de l'Europe,
commença, il est vrai, à y prendre
part après la mort de Charles I. mais
c'étoit de façon à ne pouvoir donner
de l'inquiétude aux François. Cromwel qui effaçoit en quelque sorte par
la sagesse de son gouvernement, l'in-
famie dont son usurpation l'avoit couvert, ne connoissoit pas les maximes
qui ont depuis formé la politique du
Roi Guillaume & de ses Successeurs.
Il lui importoit peu qui de la France
ou de la Maison d'Autriche seroit la
Puissance la plus considérable. Il ne
voulut qu'enrichir la nation qu'il avoit
asservie. Dès-lors il dut regarder de
mauvais œil les Provinces-Unies dont
le commerce étoit extrêmement flo-
rissant ; & bien loin de donner des
secours à la Cour de Madrid, il ne
pouvoit que profiter de son embarras

pour étendre le commerce des Anglois. C'eſt en conſéquence de ces vûes que Cromwel ſe fit un art d'inquiéter les Etats Généraux, & que ſans aimer la France, il ſe déclara contre les Eſpagnols, pour leur enlever Dunkerque & la Jamaïque.

Il étoit d'autant plus difficile qu'il ſe formât des ligues de quelque autre côté, que la guerre allumée dans le Nord en 1655, partageoit l'attention de toute l'Europe. Les Traités d'Oliva & de Coppenhague qui la terminerent, acquirent à la Suede la même réputation dont la France joüit après la paix des Pyrénées. La Ruſſie ne joüoit aucun rôle. La Pologne qu'on peut comparer à un Géant enchaîné, n'obéiſſoit point encore à un Sobieski aſſez grand homme pour faire de grandes choſes, malgré les vices de ſon Gouvernement. Le Dannemarc humilié ſentoit vivement ſes pertes ; elles avoient réveillé toute ſon ancienne antipathie contre la Suede ; mais ſans reſſource en lui-même & ſans alliance, il étoit obligé de cacher ſon reſſentiment. En un mot l'Empereur avoit tenté inutilement de se venger du Traité d'Osnabruch, il eut le chagrin & la honte d'en voir confirmer toutes les dispositions par le Traité d'Oliva.

La France voulut profiter des heureuses circonstances où elle se trouvoit, pour se venger des injures que les Espagnols lui avoient faites, & des maux que leurs intrigues lui avoient causés depuis le regne de Charle-Quint. Loüis XIV. porta la guerre dans les Pays-Bas en 1667, il s'agissoit de faire valoir les droits de la Reine sa femme après la mort de Philippe IV. Les succès des armées Françoises furent rapides; Charleroi, Bergues, Furnes, Ath, Tournay, Doüai, le Fort de Scarpe, Oudenarde & Lille se rendirent sans faire de résistance. Les Provinces-Unies en tremblerent, elles jetterent l'allarme, & la triple alliance fut signée entre l'Angleterre, la Suede & les Etats Généraux le 28 Janvier 1678. Ces trois Puissances se promettoient d'unir leurs forces pour contraindre Loüis XIV. à faire la paix.

Cet orage naiſſant intimida la France, & la paix fut bientôt conclue à Aix-la-Chapelle. Mais c'eſt une queſtion digne d'exercer les politiques, que de ſçavoir ſi Loüis XIV. malgré les menaces de la triple alliance, n'auroit pas dû continuer la guerre. Il auroit fait vraiſemblablement la conquête des Pays-Bas, avant que les Alliés euſſent réuni leurs armes. Les Provinces-Unies n'étoient pas dans une ſituation plus avantageuſe qu'elles le furent quelques années après en 1672. Cette République, comme le lui reproche le Chevalier Temple, avoit abſolument négligé la partie militaire de ſon Gouvernement ; elle l'avoit même dégradé en licentiant, par une politique mal-entenduë, les anciennes troupes auſquelles elle devoit ſa fortune. Ses Milices de terre ſe trouvoient alors dans un état d'autant plus mauvais, que pendant la guerre qu'elle avoit ſoutenue contre l'Angleterre, & qu'on venoit de terminer à Breda, elle avoit donné toute ſon attention à ſes forces de mer.

R 4

L'Angleterre, il eſt vrai, étoit une ennemie plus formidable ; mais ce n'étoit plus Cromwel qui y regnoit. Charles II. étoit remonté ſur le trône de ſes peres ; avec mille qualités eſtimables, ce Prince n'avoit aucune de celles qui font un grand Roi. Ami de ſes plaiſirs & du repos, on ne l'engagea à ſigner la triple alliance, qu'en le perſuadant que cette démarche impoſeroit à la France ; & vraiſemblablement il n'y conſentit que par les même motifs de pareſſe & d'indolence qui l'auroient empêché d'en remplir les conditions, ſi elle n'eût pas produit l'effet qu'il en attendoit. Charles n'étoit ni bon ami, ni dangereux ennemi ; & par conſéquent il méritoit peu qu'on le ménageât. On étoit toujours ſûr de le ſubjuguer par la voye de quelque miniſtre intriguant, de quelque maîtreſſe avide, ou de quelque favori ambitieux. D'ailleurs les Anglois & les Hollandois n'étoient reconciliés que depuis quelques mois ; & bien loin de ſe croire mutuellement néceſſaires, ils avoient encore les uns contre les autres toute la haine que peut infpirer la rivalité. Leur commerce étoit également floriffant ; les premiers ne vouloient point souffrir d'égaus dans l'empire de la mer ; les feconds refufoient de connoître un fuperieur.

A l'égard de la Suede, il eft encore plus difficile de penfer que fon alliance avec l'Angleterre & les Etats Généraux fut férieufe. Quel intérêt pouvoit-elle trouver à s'armer contre la France ? Elle en eft trop éloignée pour devoir craindre fon agrandiffement ; & fon amitié lui eft trop avantageufe pour qu'elle dût fonger à affoiblir fa puiffance. Après tout, il étoit aifé de rendre inutiles fes mauvaifes intentions, en foulevant contre elle le Dannemarc, & même les Princes de la Baffe-Saxe ; car quoique les François & les Suedois partageaffent la gloire d'être les protecteurs de la liberté Germanique, ils joüiffoient dans l'Empire d'un crédit bien différent. La France qui s'étoit toujours conduite avec beaucoup de moderation pendant la guerre, & dans le cours des négociations de Westphalie qui la terminerent, n'inspiroit aucun soupçon aux Princes du Rhin ses voisins. Sa haine contre l'Espagne, toutes ses vûës d'agrandissement tournées du côté des Pays-Bas, la politique qui lui prescrivoit de ne pas multiplier ses ennemis, tout leur répondoit de son amitié. L'Empire, & surtout les Princes de la Basse-Saxe, regardoient la Suede d'un œil bien différent. On se souvenoit que cette Puissance avoit gouverné avec dureté, & traité l'Allemagne en province vaincuë. Ayant enlevé à la Pologne & au Dannemarc tout ce qui étoit à sa bienseance, ce n'etoit qu'en s'agrandissant du côté de la Pomeranie, qu'elle pouvoit affermir son crédit dans le Nord.

Enfin la ligue que Loüis XIV. fit quelques années après avec Charles II. pour déclarer la guerre à la Hollande, & la facilité avec laquelle il engagea la Suede à faire une diversion dans les Etats de l'Electeur de Brandebourg, prouvent que les liens de la triple alliance n'étoient pas indiffolubles. Quoique les trois Alliés euffent garanti au Roy d'Efpagne le Traité d'Aix-la-Chapelle, il n'y eut en effet aucune liaifon fincere entr'eux. Malgré le Traité de Breda, les Hollandois affecterent toujours fur mer une égalité d'autant plus choquante pour les Anglois, que les Provinces-Unies avoient acheté de Charles I. le privilége d'y prêcher; & ces Republicains fe laiffant conduire par l'intérêt de leur commerce, furent plus attachés aux Danois, les maîtres du Sund, qu'aux Suedois.

La Guerre de 1667, & la Paix d'Aix-la-Chapelle, n'apporterent donc aucun changement à la fituation politique de l'Europe. Si quelques Peuples contracterent entr'eux des alliances, elles furent fans force; parce que la néceffité n'en fut point le principe. Tout changea de face quand la France liguée avec la Cour de Londres, l'Electeur de Cologne, & l'Evêque de Munfter, déclara la guerre aux Provinces-Unies. Les progrès rapides de Loüis XIV. pendant la Campagne de 1672, firent craindre la ruine entiere de la Hollande. Les Anglois se crurent frappés du coup qui menaçoit cette Republique, & cessant d'être jaloux de son commerce, ils en devinrent les protecteurs, pour empêcher qu'il ne passât entre les mains des François. La Nation ne fit qu'un cri; les murmures, les plaintes éclaterent dans toute l'Angleterre; & Charles II. qui n'étoit pas encore parvenu au point d'oser casser les Parlemens, & de s'en passer, dépêcha le Duc de Boucquinkam, & le Comte d'Arlington à la Haye, pour relever les esperances des Etats Généraux prêts à subir la loi du vainqueur. C'est, je crois, la premiere fois qu'on ait vu un Prince s'excuser auprès de ses ennemis du progrès de ses armes, les frapper, & les exhorter à se défendre; & ce n'est qu'un Roi d'Angleterre, conduit par son intérêt particulier, & obligé de ceder aux volontés de sa nation, qui peut rassembler autant de contrarieté dans sa conduite.

Sur ces entrefaites le célebre Jean de Wit fut maſſacré avec ſon frere par la populace, qui les regardoit comme les auteurs de tous les maux dont la Republique étoit menacée. Ce grand homme qui a mieux connu que perſonne la conſtitution & les intérêts de ſon pays, vouloit que les Provinces-Unies, après avoir conquis leur liberté & leur commerce les armes à la main, n'altéraſſent point par un amour inſenſé de la gloire les principes que doit ſuivre une Republique commerçante. Mais il étoit impoſſible que ſes Compatriottes écoutaſſent les conſeils de cette ſage politique ; leur Etat mêlé depuis ſa naiſſance dans toutes les grandes affaires de l'Europe, ne devoit que difficilement renoncer à cette conſideration éblouiſſante qui en eſt le fruit. D'ailleurs la Maiſon de Naſſau & ſes Partiſans vouloient la guerre, pour ne ſe voir pas réduits à n'être que de ſimples bourgeois. Qu'importoit le bien public à cette faction puiſſante ? ſon ſeul intérêt étoit d'employer aux frais de la guerre les produits du Commerce.

La ruine de Meſſieurs des Wit, fit l'élevation du jeune Guillaume, Prince d'Orange. Tous les regards ſe tournerent ſur lui; le mérite de ſes peres, & les efforts que Jean de Wit avoit faits pour le tenir éloigné des affaires, parlerent en ſa faveur. En un mot il fut nommé ſans réſiſtance Gouverneur, Amiral & Capitaine général de Hollande. Ce Prince qui devoit être bientôt l'ame de l'Europe, & la remüer à ſon gré, commença à déployer ſes rares talens en ſe rendant le maître des Provinces-Unies. Pour leur inſpirer ſon courage, il lui ſuffit de repreſenter l'Angleterre comme prête à abandonner l'alliance de la France, tandis que l'Empereur & le Roi d'Eſpagne offroient leurs ſecours & leur protection aux Etats Généraux.

Le peril des Provinces-Unies leur valut l'amitié des Anglois, & les lia étroitement aux deux branches de la Maiſon d'Autriche. Il commença alors à ſe répandre en Europe que l'ambition des François la menaçoit des mêmes dangers que les ſucceſſeurs de

Charles-Quint lui avoient fait redou-
ter. Ces bruits femés par le Prince
d'Orange & fes Partifans, étoient appuyés par les Cours de Vienne & de
Madrid. Elles fçavoient que la France
les avoit abaiffées, en les faifant craindre comme des Puiffances qui ten-
doient à la Monarchie univerfelle, &
elles efpererent de pouvoir à leur tour
par la même voye reprendre leur premiere fupériorité.

On regarde communément la paix
de Nimegue, comme l'époque d'une
forte d'afcendant que la France a pris
fur fes voifins ; mais je crois au contraire qu'elle commença dès-lors à
être moins puiffante. Il fe forma des
ligues contre elle, & fes acquifitions
diminuerent fes forces, en ce fens
qu'elles irriterent fes ennemis, & donnerent des foupçons & des allarmes à
fes Alliés. Si les François acquirent
la gloire d'avoir fait rétablir la Suede
dans prefque toutes fes poffeffions, ils
perdirent d'abord la confideration que
leur valoit l'amitié d'une Puiffance
qu'on avoit cru invincible, & qui ve-

noit de laiſſer voir ſa foibleſſe, & quelques années après ils les virent même embraſſer les intérêts de leurs ennemis.

Il ſemble que le miniſtere de France auroit dû par politique temperer l'éclat d'une gloire qui lui faiſoit des jaloux ; ne travailler qu'à raſſurer ſes voiſins ; renouveller & reſſerrer ſes alliances ; &, s'il m'eſt permis de parler ainſi, contreminer toute la politique du Prince d'Orange, qui, ne pouvant regner en Hollande qu'en faiſant la guerre aux François, leur cherchoit des ennemis dans toute l'Europe. Bien loin de-là on ſongea à des réunions, & il faut avoüer que rien ne pouvoit être plus favorable aux vûës de ce Prince, & à celles de la Maiſon d'Autriche, que les Arrêts ſi connus du Parlement de Beſançon, & des Chambres Royales de Metz & de Briſac. La Capitulation de Straſbourg acheva de ſoulever contre la France l'Empire déja ébranlé. Il ſe vit expoſé à ſes coups, quand il la croyoit toute occupée de l'Eſpagne ſeule, & des

Provinces

Provinces-Unies. Il se crut offensé, & le péril présent lui fit oublier celui dont les Empereurs de la Maison d'Autriche l'avoient menacé. Le système établi dans l'Empire par les Traités de Westphalie fut ruiné. Les Princes d'Allemagne recoururent à la protection de Léopold ; leur crainte rendit à cet Empereur plus d'autorité que Ferdinand III. n'en avoit perdu, & dès-lors l'Empire fut l'ennemi de la France.

Ces sentimens éclaterent par la ligue qui fut signée à Ausbourg le 9 Juillet 1686, entre l'Empereur ; le Roi d'Espagne, comme Duc de Bourgogne ; la Couronne de Suede, pour les Fiefs qu'elle posséde dans l'Empire ; l'Electeur de Baviere, les Cercles de Baviere de Franconie, & les Ducs de Saxe ; & à laquelle les Princes & Etats du haut Rhin & du Westerwald , le Duc de Holstein Gottorp & l'Electeur Palatin accederent bientôt après.

Il ne fut plus question que de mettre des bornes à la puissance de la Monarchie Françoise ; l'Angleterre, son ancienne ennemie, penſoit de même ; mais Jacques II. y regnoit, & son intérêt perſonnel l'attachoit à la France. Ce Prince, avant que de monter ſur le trône, avoit eprouvé pluſieurs traverſes. Quoique jamais Roi d'Angleterre n'ait peut-être mieux mérité l'amour de ſes Sujets, il en étoit haï. Le Prince d'Orange, ſon gendre, cabaloit continuellement contre lui, & laiſſoit entrevoir aux yeux perçans ſon deſſein de s'élever ſur ſes ruines. Jacques avoit beſoin d'un ſoutien au milieu de tant de dangers, & ce n'étoit que ſur l'alliance de la France qu'il pouvoit compter, tout le reſte de l'Europe étant aveuglement dévoüé aux vûës de ſes ennemis. Il ſe feroit vraiſemblablement ſoutenu, s'il n'eut protegé avec plus de chaleur que de prudence la Religion qu'il profeſſoit. Son zèle lui fit trop oſer pour un homme qui n'avoit dans l'eſprit ni la fermeté ni les reſſources néceſſaires aux grandes choſes ; il ſuccomba ſous ſon entrepriſe. Tout le monde ſçait que le Prince d'Orange, connu depuis

fous le nom de Guillaume III. defcendit en Angleterre en 1688, &
feignant d'en être le liberateur, il
s'empara de la Couronne qu'il voulut
bien partager avec la Princeffe Marie
fa femme.

La chûte précipitée de Jacques
dut apprendre à Guillaume combien
le trône des Anglois eft gliffant. Ce
Prince tranfporta à Londres la politique qui l'avoit rendu à la Haye le
maître des Provinces-Unies. Il fallut
donner une pâture à l'inquietude Angloife, en l'occupant de fes voifins ;
enfin la France vit toute l'Europe fou-
levée contre elle. Il y avoit longtemps
que le Prince d'Orange, cachant fes
vûës d'agrandiffement fous une impar-
tialité affectée, publioit qu'il ne fon-
geoit qu'à la sûreté de fa patrie, &
que c'en étoit fait de la liberté de fes
Alliés, fi la Monarchie Françoife
n'étoit d'abord ramenée, & enfuite
foutenue dans le dégré de puiffance
où elle fe trouvoit placée par le Traité
des Pyrénées. Ces difcours dictés par
l'ambition, & adoptés par l'envie,

donnerent naiſſance au ſiſtême de l'é-
quilibre ; & tandis qu'on ne parloit
que d'oppoſer la Maiſon d'Autriche
à la Maiſon de Bourbon, & de balan-
cer leur puiſſance, toute l'Europe ne
ſongea en effet qu'à ruiner les François, & à établir la fortune de Guillaume.

Les fondemens de cette politique
furent jettés dans le Traité conclu à
Vienne le 12 May 1689, entre l'Empereur & les Etats Généraux. Cette
alliance, depuis appellée *la grande
Alliance*, parce que tous les ennemis
de la France y accéderent, portoit
qu'après la concluſion de la paix générale, les Contractans reſteroient
toujours unis. Ils ſe promettoient un
ſecours mutuel de toutes leurs forces
tant par terre que par mer, en cas que
quelqu'un d'eux fut attaqué par l'ennemi commun, & ils s'engageoient
de n'entendre à aucune propoſition
d'accommodement qu'on n'eût reçu
une entiere ſatisfaction. Il étoit ſtipulé
que ſi Charles II. Roi d'Eſpagne,
mouroit ſans laiſſer de poſtérité, on

feroit tous fes efforts pour établir l'Empereur & fes héritiers dans cette fucceffion ; & qu'on ne fouffriroit jamais qu'elle paffât au Dauphin. Les Alliés convenoient encore de ne rien oublier pour engager les Electeurs à donner l'Empire à Jofeph Roi de Hongrie, & que fi la France s'y oppofoit, on l'attaqueroit avec les forces réunies de la grande alliance. C'eft fur ces principes qu'on s'eft depuis conftamment conduit en Europe ; on le verra plus bas lorfque je parlerai de la pacification d'Utrecht ; je tâcherai en même temps de découvrir les vices de cette politique.

Je n'entrerai point dans le détail des évenemens de la guerre de 1672. Il fuffit de remarquer qu'elle fut terminée par quatorze Traités. L'Angleterre fit d'abord fon accommodement avec les Provinces-Unies le 19 Février 1674. Cette paix concluë à Londres, fut l'ouvrage des murmures des Anglois ; de leur haine contre la France ; de la crainte de perdre leur commerce dans la Méditerranée, fi l'Efpagne leur déclaroit la guerre ; de la foibleffe de Charles II. de fon avidité pour l'argent qu'il prodiguoit, & de la liberalité des Provinces - Unies. L'Evêque de Munfter & l'Electeur de Cologne fuivirent cet exemple ; l'un fit fa paix le 22 Avril 1674, & l'autre le 11 May de la même année.

Les Affemblées pour la pacification générale, ne commencerent à Nimegue qu'au milieu de 1676 ; & dès les premieres Conférences, il fut aifé de juger que la négociation traîneroit en longueur. Aux demandes hardies de la Cour de Madrid, on auroit crû qu'elle étoit en état de faire la loi à la France. Perfuadée qu'il étoit de l'interêt de l'Angleterre & des Etats Généraux de ne pas fouffrir fon agrandiffement dans les Pays - Bas, elle éxigeoit la reftitution des Places mêmes qu'elle avoit cedées par le Traité d'Aix-la-Chapelle. Les Miniftres de Leopold étoient plus raifonnables ; ils ne faifoient aucune demande, parce que fes armes n'avoient eu aucun fuccès ; mais ils cherchoient à donner de la confiance aux Alliés, à les tenir unis, & à prolonger la guerre. La Suede fouhaitoit fincerement la paix : elle auroit même confenti à l'acheter, fi le Dannemarc & le Brandebourg euffent voulu la vendre à toute autre condition qu'en lui enlevant les domaines qu'elle poffedoit dans l'Empire.

Le gouvernement de Loüis XIV. étoit trop éclairé pour fe flatter de fortir avec fuccès du labirinthe où l'auroit jetté la conciliation de tant d'interêts oppofés. Dans le tems qu'il pouffa la guerre avec chaleur, il fe fit un fiftême de ruiner la ligue des ennemis, en leur débauchant quelqu'un de leurs Alliés. On jetta les yeux fur les Provinces-Unies. Par une fuite d'évenemens connus de tout le monde, de partie principale, cette République n'étoit devenuë que fimple auxiliaire dans cette guerre. Les Armées Françoifes avoient abandonné le fein de fes Provinces pour fe porter dans les Pays-Bas Efpagnols. Les Etats Généraux s'étoient vûs trop près de leur ruine totale, pour regarder comme un grand mal l'agrandissement de la France du côté des Pays-Bas. Ils ne pouvoient se proposer d'autre objet que la restitution de Maſtricht que Loüis XIV. ne pouvoit conserver. En un mot l'ingratitude dont ils payeroient les services de leurs Alliés en les abandonnant, devoit leur paroître moins odieuse qu'une guerre qui tout-à-la-fois demandoit des sommes immenses, & tariſſoit la source de leurs richeſſes par la ruine de leur commerce.

Les Plenipotentiaires de France entamerent leur négociation par une fauſſe démarche ; comme s'ils avoient ignoré combien les interêts du Prince d'Orange étoient differens de ceux de ſa République, ou qu'ils euſſent eu quelque dédommagement tout prêt à lui offrir pour ce que la paix lui feroit perdre, ils tenterent de le gagner. L'erreur ne fut pas longue ; le Maréchal d'Eſtrades ſentit le vice de ſa conduite ; & s'appercevant même que tous les Miniſtres aſſemblés à Nimegue

gue étoient dévoüés à la faction du Statouder, il lia une correspondance secrette avec quelques-uns des principaux membres des Etats Généraux. Il ne fut bien-tôt question dans le Congrès que de vaines formalités ; toutes les affaires respectives de la Couronne de France & des Provinces-Unies se traiterent à la Haye ; mais cette négociation marchoit lentement, parce qu'elle étoit subordonnée aux operations de Londres où l'on ne sçavoit prendre aucun parti, & que les Hollandois courageux ou timides, suivant qu'ils se flattoient ou qu'ils désespe-roient de porter l'Angleterre à faire la guerre à la France, flottoient dans une perpétuelle irrésolution.

On négocioit en effet, ou plûtôt on intriguoit à la Cour de Londres. Tout ce que le manége de Cour a de plus rafiné, les François l'employoient pour retenir Charles II. dans l'inac-tion, & leurs ennemis pour l'attirer dans leur parti. Ce Prince pouvoit être l'Arbitre de l'Europe, il fut le joüet de quelques hommes qui l'entouroient. Les Provinces - Unies fe laſſerent enfin d'eſperer ; & quoique le Roi d'Angleterre eût contracté avec elles les engagemens les plus forts le 26 Juillet 1678 , elles ne laiſſerent pas quinze jours après de ſigner leur accommodement particulier avec la France. Cette conduite parut biſarre , elle étoit ſage. Les Etats Généraux pouvoient-ils avoir beaucoup de confiance dans les Traités d'un Prince irréſolu , ami du repos , que chacun de ſes Miniſtres conduiſoit ſelon ſes vûës particulieres , qui ne faiſoit des promeſſes que par foibleſſe , & qu'on ſoupçonnoit de vouloir étendre l'autorité du Prince d'Orange , gendre du Duc d'Yorc ? D'ailleurs perſonne n'ignoroit que l'Angleterre étoit dans un moment de criſe. L'animoſité des differens Partis étoit parvenuë au plus haut point ; & ſi les ſoins d'une guerre étrangere n'étoient pas capables de faire une diverſion dans les eſprits , & d'étouffer les ſemences de trouble ; quels avantages les Etats Généraux pouvoient-ils attendre de l'alliance de Charles II?

L'Espagne fit sa paix particuliere avec la France le 17 Septembre 1678. Elle ne traita point avec la Suede. Ces deux Puissances qui n'avoient aucun interêt à démêler ensemble, firent seulement publier une déclaration, par laquelle, convenant qu'elles étoient tacitement comprises dans le Traité du 17, elles rétablissoient la liberté du commerce entre leurs Sujets respectifs, & leur défendoient de commettre les uns contre les autres aucun acte d'hostilité sur mer

L'Empereur hors d'état de continuer la guerre, s'accommoda avec la France & la Suede le 5 Février 1679. Il ne s'agissoit plus que d'engager le Roi de Dannemarc & l'Electeur de Brandebourg à poser les armes ; mais fiers des succès qu'ils avoient eus sur les Suedois, ces Princes ne vouloient point que les Traités d'Osnabruck & de Coppenhague servissent de base à leur accommodement. Ils furent cependant forcés d'y consentir. L'Empereur avoit promis (*Tr.*

de Nimegue entre l'Empereur & la France, art. 26. Traité de Nimegue entre l'Empereur & la Suede, art. 5.) ſes bons offices pour les porter à la paix ; & en cas de refus de leur part, de donner un libre paſſage aux Troupes de France pour pénétrer dans leurs Etats. D'un autre côté les Ducs de Brunſwic - Lunebourg, Zell & Wolfenbutel avoient ſigné à Zell leur accommodement le même jour que l'Empereur avoit fait le ſien à Nimegue ; & l'Evêque de Munſter, qui, après avoir abandonné l'alliance de la France, s'étoit ligué avec ſes ennemis, convint par les deux Traités du 29 Mars de rappeller ſes Troupes qui étoient jointes aux ennemis des Suedois.

Frederic-Guillaume, Electeur de Brandebourg, n'eut d'autre reſſource que de hâter ſon accommodement, afin d'obtenir des conditions plus avantageuſes. Il fut ſigné à S. Germain-en-Laye le 29 Juin 1679 ; & dans la ſuite ce Traité fut approuvé & confirmé par toutes les Puiſſances qui contrac-

terent au Congrès de Ryſwic. Chre-
tien V. Roi de Dannemarc, ſe vit
alors forcé de rechercher la paix. Ses
Miniſtres la conclurent à Fontainebleau le 2 Septembre 1679, & à
Lunden le 20 du même mois.

FRANCE. LORRAINE.

Les articles des Traités des Pyrénées & d'Aix-la-Chapelle, auſquels
il ne ſera pas dérogé par le Traité de
Nimegue conclu entre la France &
l'Eſpagne, conſerveront toute leur
force. *T. de Nim. France, Eſpagne,
art.* 26. La France & l'Empereur
conviennent de la même condition au
ſujet du Traité de Munſter. *T. de Nim.
France, Empereur, art.* 2.

Loüis XIV. & ſes Succeſſeurs demeureront ſaiſis du Comté de Bourgogne, en y comprenant Beſançon.
T. de Nim. Fr. Eſp. art. 11. Par un
acte paſſé à Vienne le 5 May 1651,
l'Empereur & l'Empire avoient tranſ-
porté à Philippe IV. Roi d'Eſpagne,
tous leurs droits ſur cette Ville qui
étoit Imperiale.

L'Espagne cede à la France les Villes & Places de Valenciennes, Bouchain, Cambrai, Aire, S. Omer, Ypres, Warvick, Warneton, Poperinghen, Bailleul, Caffel, Bavay, Maubeuges, avec leurs Bailliages, Châtellenies, dépendances, &c. Les Rois de France en joüiront en toute souveraineté ; & en cedant Ath à l'Espagne, ils retiendront la Verge de Menin & Condé qui font de fa Châtellenie. *T. de Nim. Fr. Efp. art.* 5. 11. *&* 12.

Le Roi d'Espagne promet d'engager l'Evêque & le Chapitre de Liége à ceder Dinant aux François, & d'obtenir le confentement de l'Empereur & de l'Empire pour la validité de cette ceffion. Si cette négociation n'a pas le fuccès defiré, Charlemont fera cedé à la France. *T. de Nim. Fr. Efp. art.* 13. La ceffion de Dinant n'eut pas lieu en effet, & Loüis XIV. entra en poffeffion de Charlemont.

L'Empereur donne à la France la Ville de Fribourg avec les Villages de Lehen, Metzhaufen & Kirchzart qui en dépendent. Elle les poſſédera en toute ſouveraineté , & aura la liberté d'y envoyer des Garniſons , & toutes ſortes de munitions de guerre ou de bouche , ſans être moleſtée , ni payer aucun droit en paſſant ſur les terres de l'Empire. *T. de Nim. Fr. Emp. art. 5.*

La Ville de Nancy avec ſon Finage, ſera unie à la Couronne de France. On tracera quatre chemins qui conduiront de cette Place à S. Diſier, en Alſace, en Franche-Comté & à Metz. Ils auront demi lieuë de large , & appartiendront en toute ſouveraineté au Roi de France. *T. de Nim. F. Emp. art. 13. 14. & 15.*

La France poſſédera en toute ſouveraineté la Ville & la Prévôté de Longwi. En échange elle cédera au Duc de Lorraine la Ville de Toul avec ſon Finage. Ce Prince y joüira de tous les droits qui appartiennent à la Couronne de France. *T. de Nim. Fr. Emp. art. 16. & 17.* Les Miniſtres Impériaux & ceux de France convinrent entr'eux par des écrits particuliers, & qui font joints au Traité qu'ils avoient figné, que fi le Duc de Lorraine ne vouloit pas foufcrire aux articles dont on étoit convenu pour lui, il feroit le maître de demander d'autres conditions, & la France de de les lui accorder, fans que l'Empereur pût regarder ces changemens comme une infraction faite au préfent Traité. Les Miniftres de Vienne promettoient encore que leur Maître ne prendroit point les armes pour faire valoir les prétentions du Duc de Lorraine, ou fous le prétexte de terminer fes différends. La même claufe avoit été autrefois inferée dans les Traités de Munfter & des Pyrénées. Bien loin que le Duc de Lorraine voulut ratifier les conditions qu'on avoit ftipulées pour lui, fon Miniftre protefta contre, le 21 Avril 1679, & ce Prince ne rentra point dans fes Etats.

MAISON D'AUTRICHE.

La France cédera à la Couronne

d'Efpagne Charleroi, Binch, Ath, Oudenarde & Courtrai avec leurs Bailliages, Dépendances, &c. *T. de Nim. Fr. Ef. art.* 4. Ces Places avoient été données à la France par le Traité d'Aix-la-Chapelle.

Il eft décidé que les Eclufes de l'Occident & de l'Orient de la Ville de Nieuport, & les Forts qui y font bâtis, n'appartiennent point à la Châtellenie de Furnes, & feront dorénavant inféparables de Nieuport. *T. de Nim. Fr. Efp. art.* 10.

Le Roi de France cede & tranfporte à l'Empereur tous les droits que le Traité de Munfter lui a donnés fur Philifbourg. *T. de Nim. Fr. Emp. art.* 4. Voyez le premier Chapitre de cet Ouvrage.

ANGLETERRE. PROVINCES-UNIES.

L'exercice de la Religion Catholique fera rétabli & maintenu dans la Ville de Maftricht & dans fes Dépendances, conformément à la Capitulation que cette Place fit en 1632.

Traité de Nim. Fr. Holl. article 9.
Le Traité de Breda & toutes les alliances contractées antérieurement entre l'Angleterre & les Provinces-Unies, seront maintenus dans leur force. *Traité de Londre, art. 7.* Ces Traités d'alliance font oubliés par les deux Nations, depuis ceux qu'elles ont conclus à Weftminfter le 3 Mars 1678 & le 24 Août 1689, & dont je vais rapporter l'extrait dans cet article.

Dans toutes les mers qui s'étendent depuis le Cap de Finifter jufqu'à Van-Staden en Norvege, les navires de guerre ou marchands des Provinces-Unies, foit qu'ils aillent feuls ou en flotte, falüeront en abaiffant leur pavillon & la voile de leur grand mât, tout vaiffeau qui portera le pavillon Anglois. *T. de Londre, art. 4.*

Il y aura une ferme & perpétuelle amitié tant par terre que par mer, tant au dehors qu'au dedans de l'Europe, entre l'Angleterre & les Provinces-Unies. Cette confédération aura pour principal but de maintenir les Contractans dans la possession de tous les droits, franchises & libertés dont ils joüissent dans l'étenduë de l'Europe seulement, & qu'ils ont acquis par des conventions antérieures, ou qu'ils acquerront dans la suite. *T. de Westminster de* 1678. *art.* 1. *& 2. T. de Westminster de* 1689. *art.* 1. *& 3.* Ce second Traité n'est en quelque sorte qu'une copie du premier qu'il rappelle & confirme, de même que les Traités de paix & de commerce signés à Breda & à Londre en 1674.

- Les Contractans se garantissent la possession de tous les Pays, Villes, Places, Ports, &c. qu'ils possedent en Europe, & l'entiere & exacte exécution de tous les Traités qu'ils ont passés, ou que dans la suite ils passeront de concert avec quelqu'autre Puissance que ce puisse être. *Premier Traité de Westminster, art.* 3. *Second Traité de Westminster, art.* 4.

- Si l'un d'eux est troublé dans la joüissance des pays, terres, droits, privileges & libertés de commerce &

de navigation qui lui font attribués ; l’autre interpofera d’abord fes bons offices ; mais fi on en vient à une rupture ouverte, il fe hâtera de lui donner des fecours. Dans ce cas l’Angleterre fournira dix mille hommes aux Provinces-Unies, & celles-ci fix mille hommes & vingt vaiffeaux de guerre à l’Angleterre. Ces fecours feront toujours entretenus aux dépens de la Puiffance qui les fournira, & feront entierement foumis aux ordres de celle à qui ils feront envoyés. Si la fituation des affaires exige qu’on les augmente, les Contractans en conviendront enfemble. La partie léfée dans fes droits pourra exiger que fon Allié fe déclare ouvertement deux mois après la premiere requifition qu’elle en fera. Celui-ci fera alors obligé d’agir de toutes fes forces par terre & par mer. *Premier Traité de Weftm. art. 4. & 5. art. féparés 1. 2. & 3.*

Dans ce dernier cas, aucun des Contractans ne pourra faire fon accommodement particulier avec l’ennemi commun, ni même entamer à l'infçû de l'autre aucune négociation de treve, de fufpenfion d'armes, &c. *Prem. Tr. de Weftm. art. 9. & 10. Sec. T. de Weftm. art 7.*

Il fera permis à celui des Alliés qui fera attaqué, ou qui fournira des fecours, de faire dans les Etats de l'autre des levées d'hommes pour augmenter ou completter fes Armées de terre ; mais il n'ufera de cette liberté que conformément aux Capitulations dont il fera alors convenu entre les Parties. *Prem. T. de Weftm. art. 11.* J'avoüe que j'ignore pourquoi des Négociateurs qui ont de la réputation, & qu'on ne peut certainement pas accufer d'ignorer leur métier, chargent des Traités de conditions auffi inutiles que celles-ci. J'aurois autant aimé qu'on eût fimplement dit que les Anglois & les Etats Généraux feront les maîtres de traiter en tems de guerre, pour fe permettre de faire refpectivement les uns chez les autres des levées d'hommes. Qui peut douter qu'ils n'ayent cette liberté ? Ce n'étoit pas la peine d'en convenir. Tout article de Traité doit donner ou ôter un droit ; former un engagement ; décider une queftion équivoque, ou nommer des Arbitres pour en juger dans l'efpace d'un certain tems. Les perfonnes un peu verfées dans la connoiffance des négociations, fentiront que cette remarque n'eft pas inutile. Je dis quelque chofe de plus : Dans les Traités d'alliance, tels que ceux dont je viens de rendre compte, & par lefquels deux Puiffances fe promettent de fe fecourir réciproquement, on ne peut s'exprimer avec trop de précifion, ni fixer d'une maniere trop décifive la nature des engagemens que l'on contracte. Tout ce qui eft vague & indécis peut donner lieu à des difficultés & à des conteftations, & par conféquent rendre inutile l'alliance, quand le cas d'en remplir les engagemens fe préfente. Combien de fois n'eft-il pas arrivé que deux Alliés ont confumé en difcutions & en vaines chicanes un tems précieux où il auroit fallu agir ? Je fuppofe que les Anglois foient attaqués, & qu'ils de-

mandent des fecours aux Provinces-
Unies , n'eft-il pas vrai que fi elles
font intéreffées à ne pas prendre
part à la querelle qui fe fera élevée ,
elles pourront fe fervir, pour éluder
la demande des Anglois , de l'article du Traité de Weftminfter que je
viens de rapporter ? Les Etats Généraux diront d'abord qu'ils ne manque-
ront point dans cette occafion de donner aux Anglois les preuves les plus
fortes de leur attachement & de leur
ancien dévoüement ; mais que man-
quant d'hommes , & ne pouvant dé-
garnir leur pays dans des conjonctures
auffi délicates & auffi critiques , ils
requiérent qu'en conféquence du onziéme article du Traité de Weftminfter
de 1678, il leur foit permis de lever
des hommes dans les Etats de la Grande Bretagne. Si les Anglois n'y con-
fentent pas , les Provinces-Unies ont
ce qu'elles demandent. Elles ne man-
queront point cependant de fe plaindre , & d'accufer leurs Alliés d'avoir
manqué les premiers à leurs promeffes.
Si l'Angleterre au contraire confent à

la levée demandée , voilà une négociation qu'il faut commencer. Les Etats Généraux feront les maîtres de la traîner en longueur ; ils feront naître incidens fur incidens, & le Traité de Weftminfter devient inutile moyennant ces nouvelles difcutions.

SUEDE. MAISON DE BRANDEBOURG. MAISON DE BRUNSWIC.

Les Traités de Weftphalie ferviront de bafe à l'accommodement de la Suede avec l'Empereur , l'Electeur de Brandebourg, la Maifon de Brunfwic , & l'Evêque de Munfter & de Paderborn. Tous les articles aufquels on ne dérogera point par cette Pacification , conferveront leur force. *T. de Nim. Emp. Suede , art. 3. T. de Zell , art. 4. T. de Nim. Suede , Munfter , art. 3. T. de S. Germain-en-Laye, art.* 4. Les Traités de Rofchild , de Coppenhague & de Weftphalie feront exécutés dans tous leurs articles , de même que les actes qui y ont été joints & qui en font partie. *Traité de Fontainebleau ,*

tainebleau, art. 4. Traité de Lunden, art. 4.

A l'exception de Dam, de Golnau & de leurs Dépendances, la Suede donne à 'Electeur de Brandebourg, toutes les terres qu'elle poſſede ſur la rive droite de l'Oder. Cependant Golnau & ſon Territoire ſeront laiſſés en engagement à l'Electeur, & ce Prince ſera tenu de les reſtituer à la Couronne de Suede, quand elle voudra les retirer en payant 50. mille écus. Cette même Puiſſance dérogeant au Traité de Stetin de 1653. renonce au partage des droits de péage que l'Electeur de Brandebourg leve dans les Ports & Havres de la Poméranie Ultérieure. *Traité de Saint Germain, art. 7. 8. & 9.*

La Suede continuera à joüir de tous les droits de ſouveraineté ſur la riviere d'Oder, & l'Electeur de Brandebourg ne pourra bâtir aucune Fortereſſe, ni fortifier aucune Place dans l'étenduë des terres qui lui ſont cédées. *Traité de S. Germain, art. 12.*

La Maiſon de Brunſwic, à qui la

France se charge de payer 300. mille écus, sera mise en possession de la Prévôté de Dorwern, & de la portion de terre comprise entre le Weser, l'Aller & ses anciens Domaines ; mais elle ne pourra y élever aucune Forteresse, ni y établir de nouveaux Péages. La Couronne de Suede lui cede encore le Bailliage de Tedinghausen avec toutes ses Dépendances, & lui garantit la paisible joüissance de toutes ces nouvelles acquisitions. *Traité de Zell, art. séparés* 1. *&* 3.

ARCHEVESCHE' DE COLOGNE. EVESCHE' DE MUNSTER.

Les Provinces-Unies renoncent à toute prétention sur Rhinberg & sur son territoire, qui seront remis à l'Electeur de Cologne, Evêque de Liege. *T. de Cologne de* 1674, *entre les Provinces-Unies & l'Electeur, art.* 5.

En restituant la Ville & la Forteresse de Weerth au Comte de Waldeck, l'Evêque de Munster se réserve de faire valoir à l'amiable ses droits fur cette Place. *T. de Cologne de* 1674 *entre ce Prélat & les Provinces-Unies, art.* 4. La France lui payera la fomme de 100 mille écus, & la Suede lui laiffera la joüiffance du Bailliage de Wildhaufen, jufqu'à ce qu'elle lui faffe compter 100 mille rifchdalles. *T. de Nim. Fr. Munfter, art.* 3. *T. de Nim. Suede, Munfter, art.* 6.

MAISON DE SAVOYE.

Les conditions ftipulées dans le Traité de Munfter au fujet du Duc de Savoye, font fpécialement renouvellées dans celui de Nimegue, conclu entre la France & l'Empereur. *Art.* 31.

MAISON DE BOUILLON.

Le Duc de Boüillon reftera en poffeffion du Château & de la partie du Duché de Boüillon qu'il pofféde. Ses différends à ce fujet avec l'Evêque de Liege, feront terminés à l'amiable. *T. de Nim. Fr. Emp. art.* 28.

L'Evêque & le Chapitre de Liege, protesterent le 18 Fevrier 1679. contre cet article. Ils renouvellerent leurs plaintes & leurs protestations le 31 Octobre 1697. contre l'article de la paix de Ryswik, qui rappelle le Traité de Nimegue, & le maintient dans sa force.

DANNEMARC. MAISON DE HOLSTEIN-GOTTORP.

Le Roi de Dannemarc ayant des prétentions & une hypothéque sur Cruysand, il est reglé que le Roi de Suede en payera à Hambourg le fond & les intérêts selon la coutume d'Allemagne ; & que Sa Majesté Danoise restera en possession de cette Terre, jusqu'à son entiere satisfaction. Alors elle la rendra à la Couronne de Suede, sans aucune prétention ultérieure ; & cependant le Roi de Dannemarc ne fera construire aucun Fort, en joüissant des revenus qu'il en tirera pour les rabattre ensuite sur la somme des rentes. *T. de Lunden , art.* 10.

L'Empereur accordera sa protection au Duc de Slefwic - Holstein-
Gottorp, pour lui assurer la joüissance
de tous les droits qu'il posséde dans
l'Empire. *T. de Nim. Suede, Emp.
art.* 7. Ce Prince sera rétabli dans
toutes les possessions, priviléges &
libertés dont il doit joüir, en vertu
des Traités de Roschild & de Coppenhague. *T. de Fontainebleau, art.
séparé. T. de Lunden, art.* 4.

Il étoit important de stipuler de la
maniere la plus forte en faveur du
Duc de Holstein-Gottorp. Le Dannemarc en se déclarant quelques années auparavant (1675.) contre la
Suede, s'étoit emparé de la plus grande partie des Domaines de ce Prince,
& l'avoit forcé dans le Château de
Rendsbourg, où on le tenoit prison-
nier, de se dépoüiller lui-même, par
un Traité, des droits qu'il avoit acquis
à Roschild & à Coppenhague. Rien
n'étoit plus difficile que d'étouffer les
semences de division toujours prêtes
à armer ces deux Puissances l'une contre l'autre ; les Traités étoient une

foible barriere entr'elles , aussi le Duc de Holstein ne joüit-il pas long-temps avec tranquillité de la fortune qu'il devoit à la protection des Suedois.

Les premiers différends qui éclaterent entre la Cour de Coppenhague & celle de Gottorp, après la pacification de Nimegue , furent terminés le 20 Juin 1689. à Altena, par la médiation, & sous la garantie de l'Empereur Leopold , & des Electeurs de Saxe & de Brandebourg. Ce Traité rappelloit & maintenoit dans toute leur force ceux de Roschild, de Coppenhague , de Fontainebleau & de Lunden. Le Roi de Dannemarc y renonce à l'hypothéque & aux droits qu'il prétend avoir sur le Bailliage de Trittau. Le Prince George, que les Médiateurs se chargent de dédommager sans qu'il en coûte rien à la Couronne de Dannemarc, renonce aussi à toutes ses prétentions sur l'Isle de Fehmeren, & sur les Bailliages du Trembsbuttel & de Heinhorst. *T. d'Altena , art. 2. 3. & 5. & Acte du Prince George de*

*Dannemarc, fait à Hamptoncourt le
19 Juillet 1689.*

Si l'on a fait attention à ce que j'ai dit du bifarre gouvernement des Duchés de Slefwic & de Holftein, dont le Duc qui en porte le nom, & le Roi de Dannemarc partagent la fouveraineté; on ne fera point furpris que les engagemens les plus folemnels ne puffent maintenir la paix entr'eux. Quelque clair que fut le Traité d'Altena, chacun des Contractans l'expliqua à fa maniere, & l'on prit les armes de part & d'autre. Charles XII. Roi de Suede, dont j'aurai occafion de parler dans la fuite de cet Ouvrage, vint au fecours du Duc de Holftein fon Beau-frere, & fit une defcente dans l'Ifle de Zéeland. Ce Héros aux portes de Coppenhague, força les Dannois à la Paix; elle fut conclue à Travendal le 18 Août 1700.

Quoique ces differends faffent en quelque forte partie de la Guerre célebre qui a changé dans ce fiécle la fituation & les intérêts du Nord, j'ai cru que le Traité de Travendal, dont je vais donner l'analyse, appartenoit plutôt à la pacification de Nimegue, qu'à celles de Stokholm & de Neuſtat, dont les principes ſont tout differens.

Les Traités de Roſchild, de Coppenhague, de Fontainebleau, de Lunden & d'Altena, ſeront fidellement éxecutés ſuivant leur teneur. *T. de Travendal*, *art. 2.*

Les Rois de Dannemarc, comme Ducs-Regens des Duchés de Sleſwic & de Holſtein, ne ſe pourront approprier aucun droit, aucune prérogative, aucune prééminence ſur les Ducs de Holſtein-Gottorp, comme Ducs-Regens des mêmes Duchés. Il y aura entr'eux une égalité parfaite. Tout ordre donné, tout réglement porté ſans le conſentement unanime & réciproque des deux Princes Regens, ſera ſans effet, & regardé comme non avenu. Chacun d'eux pourra cependant exercer à ſon gré les droits de ſouveraineté dans les Villes & les Bailliages, qui lui appartiennent en propre. *T. de Trav.* *art. 3. & 4.*

Dans

Dans le cas que quelque Puiſſance étrangere attaquât ou menaçât les pays de Sleſwic & de Holſtein, les deux Princes contractans feront obligés d'unir leurs forces. Mais ſous prétexte de cette défenſe l'un ne fera pas tenu de ſe mêler des affaires qui ne le touchent pas, ou dans leſquelles l'autre pourroit s'être engagé ſans ſon conſentement & contre ſon avis. Le Duc de Holſtein-Gottorp & ſes Succeſſeurs auront le plein & franc droit des armes, armemens, fortereſſes & alliances. Il ne leur fera cependant permis d'élever des fortereſſes qu'à deux lieuës de celles qui appartiennent au Roi de Dannemarc, & à une licuë de ſon territoire, & des chemins qui conduiſent de Flenſbourg à Rendſbourg, & de-là à Itochoc ; à Glukſtad & à Hambourg. Le Roi de Dannemarc prend à l'égard du Duc de Holſtein Gottorp les mêmes engagemens. Ni l'un ni l'autre ne tiendra dans les Duchés communs plus de ſix mille hommes de troupes, à moins d'une néceſſité évidente. Le Duc de Hol-

ſtein pourra ſe ſervir de milices étrangeres, pourvu qu'il les prenne de differens Princes, & que le même ne lui
fourniſſe pas plus de 3 mille hommes.
T. de Trav. art. 5.

Les Sujets du Duc de Holſtein, &
les marchandiſes qui ſeront tranſportées de quelque port de mer dans le
Bailliage de Tunderen, ou qui ſorti-
ront de ce territoire pour être embar-
quées, ne payeront aucun droit à la
Doüane du Lyſt. *T. de Trav. art.* 11.

L'accord fait en Glukſtad en 1657.
entre le Roi de Dannemarc & le Duc
de Holſtein-Gottorp, au ſujet de l'E-
vêché de Lubec, ſubſiſtera dans toute
ſa force. *T. de Trav. art.* 8. Par cet
accord la Maiſon de Dannemarc renonce au droit qu'elle prétendoit avoir
de poſſéder alternativement avec la
Maiſon de Holſtein, l'Evêché de
Lubec.

PROTESTATIONS.

Le Nonce Bevilaqua, Patriarche
d'Alexandrie, proteſta au nom d'In-

nocent XI. contre les Traités de Paix
de Nimegue , en tant que ceux de
Weſtphalie , y ſont rappellés , & leur
ſervent de baſe. 7 Fevrier 1679. c'eſt,
ſi je ne me trompe , la derniere fois
que la Cour de Rome a fait des Actes
de proteſtation contre la Paix de
Weſtphalie. Ç'auroit été enfin com-
promettre ſon autorité que de tâcher
d'affoiblir des Traités , qui ont acquis
dans l'Empire autant de crédit que la
Bulle d'Or même.

Proteſtation de la Maiſon de la
Tremoille, ſignifiée le 16 Août 1679.
aux Plénipotentiaires aſſemblés à Nimegue , au ſujet de ſes droits ſur le
Royaume de Naples.

CHAPITRE V.

Pacification de Ryſwick.

ON a vu par les remarques que
j'ai miſes à la tête du Chapitre
précédent , quelle fut la conduite du
Miniſtere de France après la pacifi-

cation de Nimegue, & quelles étoient les dispositions de ses voisins. Loüis XIV. fut instruit de leurs mouvemens, de leurs intrigues, & de la ligue conclue à Ausbourg qui en étoit le résultat. Il sçavoit que ses ennemis se préparoient à fondre de tout côté sur lui ; il fallut les prévenir pour déconcerter leurs projets, ou du moins pour ne les pas craindre. L'orage qui menaçoit la France, étoit de nature à ne pouvoir être conjuré par des négociations. Voilà quelles furent les véritables causes de la guerre de 1688. Les droits de Madame la Duchesse d'Orleans sur la succession de son frere l'Electeur Palatin, & ceux du Cardinal de Furstemberg sur l'Archevêché de Cologne, n'en furent que le prétexte. Quelque importans que fussent ces objets, ils cesserent de le paroître dès que la guerre fut allumée. A la paix on se contenta de regler qu'il y auroit une amnistie générale pour le Cardinal de Furstemberg, pour ses parens & pour toutes les personnes qui lui avoient été attachés, & qu'on

les rétabliroit dans tous les droits,
biens féodaux, allodiaux, bénéfices,
honneurs, rangs & prérogatives dont
on les avoit dépoüillés pendant la
guerre. A l'égard des contestations
de Madame la Duchesse d'Orleans
avec la Maison de Neubourg, il ne
fut rien décidé. L'Empire & la France
convinrent seulement, par un article
séparé de leur Traité, qu'on nomme-
roit dans un certain temps des arbitres
pour juger des demandes de Madame
la Duchesse d'Orleans, & que s'ils
ne pouvoient s'accorder, l'affaire seroit portée au Pape qui en décideroit
en dernier ressort. Je ne rends point
compte de ces deux jugemens, &
mon Lecteur, je crois, m'en sçaura
gré.

La paix signée à Turin le 29. Août
1696. entre cette Cour & celle de
France, & confirmée ensuite par tous
les Contractans de Riswick, fut en
quelque sorte le signal de la paix générale. Conformément au premier article de ce Traité, le Duc de Savoye
força les Alliés qu'il abandonnoit, à

consentir à une suspension d'armes pour l'Italie. La France réunit dès-lors toutes ses forces sur le Rhin & dans les Pays-Bas, ce fut un avantage considérable ; les conquêtes qu'elle faisoit de ces côtés-là n'étoient point infructueuses comme celles d'Italie que les François ne pouvoient conserver, & qui donnant par conséquent moins d'inquiétude à leurs ennemis, étoient moins capables de les forcer à rechercher la paix.

Les négociations de Ryswick ne furent pas épineuses. Les esprits étoient moins occupés des intérêts de la guerre présente, que de la querelle que la succession d'Espagne devoit faire naître, & dont le moment n'étoit pas éloigné. Pour rompre la ligue formée contr'elle, la France étoit prête à abandonner presque toutes ses conquêtes. Pour ne se pas trouver épuisés à la mort de Charles II. les Alliés auroient accepté à des conditions moins avantageuses une paix qu'ils ne regardoient que comme une treve nécessaire au bien de leurs affaires. Le 20.

Septembre 1697. les Plénipotentiaires François signerent la paix avec l'Espagne, l'Angleterre & les Provinces-Unies, & le 30. du mois suivant avec l'Empereur & l'Empire.

FRANCE. LORRAINE.

Les Traités de Westphalie & de Nimegue serviront de base au Traité de Ryswick conclu entre la France d'une part, & l'Empereur & l'Empire de l'autre. Tous les articles ausquels il ne sera pas dérogé, conserveront leur force. *T. de Rys. Fr. Emp. art. 3.*

Les Traités des Pyrénées, d'Aix-la-Chapelle, & celui que la France & l'Espagne ont passé à Nimegue, sont confirmés dans tous les articles ausquels on ne fera aucun changement par la Paix de Ryswick *T. de Rys. Fr. Esp. art. 29.*

L'Empereur & l'Empire donnent à la France Landau & son territoire consistant dans les Villages de Nusdorff, d'Amheim & de Quieckeim.

Ils lui cedent encore Straſbourg , de même que toutes ſes dépendances ſituées ſur la rive gauche du Rhin , & tous les droits de ſouveraineté & autres qu'ils ont ſur cette Ville Imperiale. *Tr. de Ryſ. Fr. Emp. art.* 16. Loüis XIV. poſſédoit cette derniere Place depuis le 30 Septembre 1681, en vertu de deux actes ; le premier étoit le Traité paſſé entre ce Prince & les Préteur & Conſuls de Straſbourg , qui le reconnurent pour leur Souverain Seigneur & Protecteur : Voyez le troiſiéme Chapitre de cet Ouvrage. Le ſecond , c'étoit la treve concluë à Ratiſbonne le 16 Août 1684 entre la France & l'Empire. Par ſa nature même le premier de ces actes étoit nul , aucune Loi ne permettant à une Ville Imperiale de ſe ſéparer du Corps Germanique ſans ſon conſentement. Le ſecond ne donnoit de droit à la France que pour vingt ans.

On a vû dans le premier Chapitre de cet Ouvrage , que le droit de ſouveraineté que le Traité de Munſter atrribuë à la France fur les dix Villes de la Préfecture, & fur l'Alface entiere, fouffrit des difficultés dans le Congrès de Nimegue de la part des Miniftres de l'Empereur Leopold. Cette affaire fut décifivement terminée par le quatriéme article du Traité conclu à Ryfwick entre la France, l'Empereur & l'Empire. Il y eft dit, que tous les lieux & tous les droits dont Sa Majefté très-Chrétienne s'eft emparée au dehors de l'Alface, tant pendant la guerre par voye de fait, que fous le nom d'unions ou de réunions pendant la paix, feront reftitués à l'Empereur, à l'Empire, à fes Etats & membres. Les réunions qui regardent l'Alface font donc valides. C'eft par les Arrêts du 22 Mars & du 9 Août 1680, que la Chambre Royale de Brifac mit le Roy de France en poffeffion des droits de fouveraineté fur la Baffe & Haute Alface.

Le Duc de Lorraine fera rétabli dans fes Etats; & à l'exception de quelques nouveaux articles dont on eft convenu par les Traités de Ryfwick, il les possédera aux mêmes conditions que le Duc Charles, son oncle, les possédoit en 1670. *T. de Rys. Fr. Emp. art.* 28. Voyez dans le Chapitre premier l'article de la Maison de Lorraine.

Les remparts & les bastions de la partie de Nancy appellée Ville neuve, & tous les ouvrages exterieurs de l'ancienne Ville seront démolis de même que les Fortifications des Châteaux de Bistch & de Hombourg, & on ne pourra jamais les rétablir. Le Duc ne fermera la Ville neuve de Nancy que d'une simple muraille droite & sans angles. La France joüira en pleine souveraineté de la Forteresse de Saar-Loüis, avec sa Banlieuë qui s'étend à une demi lieuë ; & de la Ville & de la Prévôté de Longwi, en donnant en échange au Duc de Lorraine une autre Prévôté de même valeur dans l'un des Trois-Evêchés. Les Troupes du Roi très-Chrétien auront un libre passage sur les terres du Duc de Lorraine. On avertira ce Prince de leur route, & les Soldats François gar-

deront une exacte discipline, & payeront comptant tout ce qu'ils prendront. *T. de Ryf. Fr. Emp. art. 29.
30. 32. 33. & 34.*

L'EMPIRE.

La France restituera à l'Empereur,
à l'Empire, & à ses Etats & membres
tous les lieux situés hors de l'Alsace,
dont elle s'est emparée par la force
des armes, ou en vertu des Arrêts du
Parlement de Besançon & des Chambres de Metz & de Brisac, lesquels
seront regardés comme non avenus.
Cependant dans tous les lieux dont il
s'agit ici, la Religion Catholique demeurera dans le même état auquel elle
est à présent. *T. de Ryf. Fr. Emp. art.4.*
Cette derniere clause, contraire aux
dispositions des Traités de Westphalie,
a causé dans l'Empire des querelles
capables d'en ruiner l'harmonie.

Dans sa signification juste & précise, elle ordonnoit seulement que
les Eglises construites par le Roy de
France dans les lieux restitués, ne

feroient point démolies , & que les Catholiques continueroient à pouvoir s'y affembler. L'Electeur Palatin , l'Archevêque de Mayence , & quelques autres Princes étendirent le fens de cette claufe , & par des raifonnemens forcés prétendirent en inferer que les Proteftans ne pouvoient avoir le libre exercice de leur Religion dans les lieux où les Catholiques avoient des Eglifes. Recherchant même avec foin toutes les Villes, Bourgs, Villages & Hameaux où l'on avoit dit une fois ou deux la Meffe par occafion, ils y firent élever des Chapelles.

On imagine aifément avec quelle chaleur les Princes Proteftans d'Allemagne dûrent fe foulever contre ces prétentions, puifque, de concert avec le Roi de Suede qui avoit été le Médiateur de la paix , ils refuferent de figner le Traité de Ryfwick. Leurs plaintes & leurs remontrances recommencerent en 1714, pendant le Congrès de Bade. Ils demanderent la révocation de la claufe de Ryfwick, & quoiqu'ils fuffent appuyés de leurs Alliés, des Puissances maritimes, & que la France les favorisât, ils ne purent obtenir aucune satisfaction.

Cette querelle s'assoupit enfin, mais elle se réveilla en 1735, quand il fut question de regler les préliminaires de la paix qui fut concluë à Vienne quelques années après. La France déclara encore dans cette occasion qu'elle laissoit la décision de cette affaire à l'Empereur & à la Diéte de l'Empire; que par la clause du quatriéme article de Ryswick, elle n'avoit en aucune façon prétendu affoiblir les droits dont les Protestans d'Allemagne joüissent en vertu de la Paix de Westphalie; & qu'elle n'avoit voulu exiger autre chose que de laisser subsister les Eglises que Loüis XIV. avoit fait bâtir en faveur des Catholiques. Les Princes & Etats de la Confession d'Ausbourg ne furent point écoutés.

Il y a apparence qu'ils abandonneront la poursuite de cette affaire. Ils ont échoüé à deux reprises; & le succès en seroit d'autant plus difficile aujourd'hui, qu'il faudroit exercer une

forte de profcription contre les Catholiques, en les dépoüillant de ce qu'ils
poffedent. D'ailleurs les Princes de la
Communion Romaine ont à-peu-près
retiré de la claufe de Ryfwick tous les
avantages qu'ils en pouvoient attendre ; & il eft raifonnable de penfer
que déformais leur modération fera
oublier aux Proteftans le tort que leur
a fait la Paix de Ryfwick.

La France donnera à l'Empire le
Fort de Kell qu'elle a bâti, & fera démolir à fes dépens celui de la Pile,
& les autres Fortifications élevées
dans les Ifles du Rhin, à la réferve du
Fort Loüis. Les Fortifications de cette
Fortereffe & de Huningue, qui s'é-
tendent fur la rive droite du Rhin, feront détruites de même que les Ponts
qui y communiquent. Les Fortifications ajoutées aux Châteaux de Trar-
bach, de Kirn & d'Eberimbourg
auront le même fort, ainfi que la
Fortereffe de Montroyal fur la Mo-
felle. Aucune de ces Fortifications ne
pourra être rétablie dans la fuite par
l'un ni l'autre des Contractans. La

navigation du Rhin fera libre aux deux Puiſſances : on ne pourra détourner le cours de ce Fleuve, y établir de nouveaux Péages, ni augmenter les droits des anciens. *T. de Ryſ. Fr. Emp. art.* 18. 23. *& ſuivans.*

Le Roi de France cede à l'Empereur & à ſa Maiſon la Ville & la Citadelle de Fribourg, le Fort Saint Pierre, celui de l'Etoile, toutes les Fortifications conſtruites dans la Forêt Noire & dans le Diſtrict du Briſgaud, les Villages de Lehen, Metzhauſen, Kirchzart, la Ville de Briſac avec ſes dépendances ſituées à la droite du Rhin. Le Fort du Mortier demeurera au Roi très-Chrétien ; mais la partie de Briſac ſituée ſur la rive gauche du Rhin, & qu'on appelle la Ville neuve, ſera démolie de même que ſon Pont, & le Fort conſtruit dans l'Iſle du Rhin. Il ne ſera permis en aucun tems de les réparer. *Tr. de Ryſ. Fr. Emp. art.* 19. *&* 20.

Le Traité de S. Germain-en-Laye du 29 Juin 1679, entre la France & l'Electeur de Brandebourg, ſera rétabli, & est confirmé dans tous ses points. *T. de Ryf. Fr. Ang. art.* 14. *T. de Ryf. Fr. Holl. art.* 15. *T. de Ryf. Fr. Emp. art.* 7. Voyez dans le Chapitre précedent l'article de la Maison de Brandebourg.

L'Ordre Teutonique joüira de tous ses privileges anciens à l'égard des Commanderies & des autres biens qu'il possede dans les Domaines du Roi de France. Ce Prince lui accordera les mêmes immunités que ses Prédécesseurs ont données à l'Ordre de Malthe. *Traité de Ryf. Fr. Emp. art.* 11.

Le Comté de Montbéliard conservera son immédiateté à l'Empire, sans avoir égard à la foi & hommage rendus à la Couronne de France en 1681. Le Bourg de Baldenheim relevera avec ses dépendances du Comté de Montbéliard. *T. de Ryf. Fr. Emp. art.* 13.

ESPAGNE.

La France restituera à la Couronne d'Espagne la Ville & le Duché de Luxembourg,

xembourg, le Comté de Chiny & leurs dépendances. *T. de Ryf. Fra. Efp. art. 5.* Les François étoient reftés en poffeffion de ce pays, en vertu de la Treve, conclue pour vingt ans à Ratifbonne le 16 Août 1684, entre la France & l'Efpagne. Tout le monde fçait que la Cour de Madrid, cherchant à éluder par des longueurs affectées l'éxecution des articles dont elle étoit convenüe à Nimegue, la France fit quelques hoftilités, dont la Treve de Ratifbonne arrêta le cours. Loüis XIV. ne pouvoit gueres trouver de circonftance plus heureufe pour attaquer la Maifon d'Autriche ; mais il ne voulut pas profiter de l'embarras où les Turcs l'avoient jettée en portant la guerre en Hongrie.

Par la Paix de Nimegue, la France en cédant Ath aux Efpagnols ; avoit confervé la Verge de Menin & Condé qui en dépendent. Elle retint encore par la Paix de Ryfwick, Anthoin, Vaux, Guaurain, Ramecroix, Bethomé, Conftentin, le Fief de Paradis, Kain, Havines, Meles, Mourcourt, le Mont Saint Audebert dit de la Trinité, Fontenoy, Maubray, Hernies, Calvelle & Viers, qui font des dépendances d'Ath. La Généralité des Provinces de Flandres, de Hainault & de Brabant, appartiendra au Roi d'Espagne, mais fans préjudicier en aucune façon à ce qui été cédé à la France par les Traités précédens. *T. de Ryſ. Fr. Eſp. art. 7. & 10.*

Tous les lieux, Villes, Bourgs, Villages & Hameaux que le Roi Très-Chrétien a réunis à fa Couronne, depuis le Traité de Nimegue, dans les Provinces de Namur & de Luxembourg, dans le Brabant, la Flandres & le Hainault, &c. feront rendus au Roi d'Espagne, à la réferve de 82. Bourgs, Villages ou Hameaux, que la France regarde comme des dépendances de Charlemont, de Maubeuge, & de quelques autres Villes cédées par les Traités d'Aix-la-Chapelle & de Nimegue. *T. de Ryſ. Fr. Eſp. art.* 10. Il eſt inutile de rapporter ici les noms de tous les lieux cédés & reſti-

tués ; le nombre en eſt infini. En cas
de beſoin le Lecteur peut conſulter le
Traité de Lille, conclu le 3 Decembre 1699. entre la France & l'Eſpagne, en éxecution de celui de Ryſwick, pour le réglement des limites.
On pourroit auſſi recourir à un Ecrit
intitulé : *Liſte & déclaration des réunions & occupations faites par Sa Majeſté Très-Chrétienne dans les Provinces de Sa Majeſté Catholique aux Pays-Bas, depuis le Traité de Nimegue.*
Voyez le Corps Diplomatique de
Dumont, ou le Recueil d'Actes &
Memoires concernant la Paix de Ryſwick.

A l'égard des rentes affectées ſur
la Généralité de quelques Provinces
des Pays-Bas, dont une partie eſt
poſſédée par S. M. T. C. & l'autre par
le Roi Catholique, il eſt convenu que
chacun payera ſa cotte-part, & qu'on
nommera des Commiſſaires pour regler la portion que chacun de ces
deux Princes en devra payer. Pour
ce qui regarde les rentes affectées ſur
tel ou tel lieu en particulier, le poſſeſ-

feur en reftera chargé, & en payera les arrerages aux Créanciers de quelque Nation qu'ils foient. *T. de Ryf. Fr. Efp. art. 23. & 24.* Voyez le Traité de Lille du 3 Decembre 1699.

ANGLETERRE.

La France reconnoît le Roi Guillaume pour légitime Souverain d'Angleterre ; elle promet de ne le troubler directement ni indirectement dans la joüiffance de fes trois Royaumes, & de ne favorifer en aucune maniere les perfonnes qui pourroient y prétendre quelque droit. *T. de Ryf. F. Ang. art.* 4. Jacques II. avoit prévu qu'on facrifieroit fes intérêts au bien de la Paix, auffi protefta-t-il quatorze jours avant la fignature du Traité, contre tout ce qui y feroit ftipulé à fon préjudice. On verra dans la fuite combien la nation Angloife a pris de précautions pour fermer le chemin du Trône à la Maifon de Stuard.

Le Roi d'Angleterre promet de faire payer éxactement à la Reine Marie d'Este, femme de Jacques II. une penſion annuelle d'environ 50 mille livres ſterling, ou de telle autre ſomme qui ſera établie par Acte du Parlement, ſcellé du grand ſceau d'Angleterre. *Déclaration des Ambaſſadeurs d'Angleterre faite à ceux de France, & inſérée dans le Protocole du Miniſtre Médiateur.* Je remarquerai ici en paſſant que ces ſortes d'Actes qui roulent ſur des points qu'on ne veut ſouvent pas inſérer dans un Traité, ont cependant la même force. Les Héritiers de la Reine Marie ſont en droit de demander les arrérages de la penſion qui a été promiſe à cette Princeſſe, & dont elle n'a jamais été payée; mais quel objet pour des Princes, qui ont une Couronne à revendiquer !

PROVINCES UNIES.

La France & la Republique des Provinces-Unies renoncent à toute prétention de quelque nature qu'elle ſoit, qu'elles pourroient former l'une ſur l'autre. *T. de Ryſ. Fr. P-U. art.* 11.

MAISON DE SAVOYE.

Les articles des Traités de Querafque, de Munfter, des Pyrénées & de Nimegue, qui concernent la Maifon de Savoye, font rappellés & maintenus dans toute leur force. *T. de Turin, art.* 2.

Le Roi de France céde au Duc de Savoye, pour en joüir en toute fouveraineté, les Terres & Domaines compris fous le nom de Gouvernement de Pignerol. Toutes les fortifications en feront généralement démolies, le Duc de Savoye s'engage à ne jamais les rétablir, & promet de n'en point élever de nouvelles dans l'étendue du pays qui lui eft cédé. La Ville de Pignerol ne pourra être fermée que par une fimple muraille non terraffée. *T. de Tur. art.* 1.

La France reftera toujours chargée de payer au Duc de Mantoüe, pour le compte de la Maifon de Savoye, la fomme de 494 mille écus d'or, conformément au Traité de Saint Ger-

main en Laye de 1632. *T. de Ryf.*
Fr. Emp. art. 48. Voyez le Chapitre
de la Pacification de Weſtphalie, à
l'article de la Maiſon de Savoye.

Les Ambaſſadeurs de Savoye ſeront traités à la Cour de France,
comme ceux des Têtes couronnées,
& dans les Cours étrangeres, ſans en
excepter ni Rome, ni Vienne, ils recevront le même traitement de la part
des Miniſtres de France. *T. de Tur.
art.* 5.

Le Duc de Savoye s'engage à ne
point ſouffrir que les Sujets du Roi de
France, ſous quelque prétexte que ce
ſoit, s'établiſſent dans les Vallées de
Lucerne ou des Vaudois. Il promet
encore de ne pas permettre l'exercice
de la Religion prétendue Réformée
dans le Gouvernement de Pignerol.
T. de Turin, art. 7.

Marie-Adelaïde de Savoye renonce en faveur des Princes de ſa Maiſon, ſoit en ligne directe ſoit en
ligne collatérale, à tous les droits
que lui donne ſa naiſſance. Le Roi de
France, le Dauphin & le Duc de

Bourgogne approuvent & confirment cette renonciation. *Contrat de mariage de Marie - Adelaïde de Savoye avec Louis Duc de Bourgogne , art. 6. Traité de Tur. art. 3.*

MAISON FARNEZE.

Le Roi d'Efpagne remettra au pouvoir du Duc de Parme l'Ifle de Ponza fituée dans la Méditerranée. *Traité de Ryf. Fr. Efp. art. 32.*

PROTESTATIONS.

Par un acte paffé à Ryfwick le 7. Octobre 1697. la Maifon d'Egmont protefte contre tout ce qui a pu être arrêté dans le Congrès de Ryfwick au préjudice de fes droits , fur le Duché de Gueldre, les Comtés d'Egmont, de Zutphen, de Meurs, de Hornes , &c. & la Seigneurie de Malines, poffédés par le Roi d'Efpagne , les Etats Généraux des Provinces-Unies , ou l'Evêque de Liége. Les Etats de Gueldre & de Zutphen répondirent

pondirent à cet acte par une contre-
proteſtation du 30. Janvier 1648,
datée à la Haye.

La Ville d'Embden fut compriſe,
de la part des Etats Généraux, dans le
Traité qu'ils conclurent à Ryſwick
avec la France. Le Prince d'Ooſt-Friſe
proteſta à la Haye le 4 Novembre 1697
contre cette incluſion, prétendant avec
raiſon que cet honneur ne peut appartenir qu'à une Puiſſance ſouveraine.
Cette Ville ſoutenue de la protection
des Provinces-Unies, a toujours af-
fecté une entiere indépendance. Ses
démêlés avec le Prince d'Ooſt-Friſe
ont fait trop de bruit pour que j'en
parle ici. Les Etats Généraux ont
conſenti à retirer la Garniſon qu'ils y
tenoient, dès que le Roi de Pruſſe
s'eſt emparé de la Principauté d'Ooſt-
Friſe à la mort de ſon dernier Souverain, dont il étoit héritier par droit
d'expectative.

A la Haye, 8 Novembre 1697,
Proteſtation de Marie d'Orleans,
Ducheſſe de Nemours, pour la con-
ſervation de ſes droits ſur la Princi-

pauté & le Marquifat de Rothelin.

Ryfwick, 28 Septembre 1697, proteftation de la Maifon de la Tre-moille au fujet de fes droits fur le Royaume de Naples.

Ryfwick, 7. Octobre 1697, pro-teftation de la Maifon de Montmo-rency-Luxembourg, pour la confer-vation de fes droits fur le Duché de ce nom.

Le 4. Novembre 1697. le Duc de Mantouë fit fignifier aux Miniftres affemblés à Rifwick un acte, par le-quel il proteftoit contre tout ce qui peut avoir été arrêté dans les Traités de paix contre fes intérêts & fes droits.

Le même jour la Maifon de Brunf-wich-Wolfenbutel protefta à la Haye pour la confervation de fes droits fur deux Prébendes de l'Eglife Cathe-drale de Strafbourg. Elles lui avoient été données par le Traité d'Ofna-bruch, & elles lui furent enlevées par un Arrêt de la Chambre Royale de Brifac, & par le quatriéme article du Traité de paix conclu à Ryfwick entre la France, l'Empereur & l'Empire.

J'ai parlé plus haut de l'acte par lequel Jacques II. Roi d'Angleterre, protesta dès le 6. Septembre 1697. contre tout ce qui seroit stipulé à son désavantage dans la pacification de Ryswick.

Le 13. Decembre 1697. les Ministres Plénipotentiaires de France au Congrès de Ryswick, firent une protestation générale contre toutes celles qui avoient été présentées au Congrès.

CHAPITRE VI.

Traités des Puissances Chrétiennes avec la Porte.

LA Puissance Ottomane fondée sur les ruines de l'Empire des Grecs, a pendant long-temps inspiré de vives allarmes à la Chrétienté. L'Europe affoiblie par ses divisions, n'auroit opposé qu'une digue impuisfante à ce torrent débordé , fi les Succeffeurs de Mahomet II. n'avoient été obligés de partager leurs for- ces , & de porter la guerre tantôt en Afie tantôt en Afrique , pour y éteindre des révoltes ou châtier des voifins inquiets , dans le temps qu'ils avoient commencé une expédition contre la Pologne ou contre la Hon- grie. Il fe forma bientôt dans leur voifinage une puiffance capable de fufpendre le cours de leurs profpé- rités ; je veux parler de l'avénement de Ferdinand I. au Trône de Hon- grie. Ce Prince poffédoit le Royaume de Boheme & les Provinces qui en dépendent, telles que font la Silefie, la Moravie , la Luface ; fon frere Charles-Quint lui avoit cédé tous les anciens patrimoines de fa Maifon ; & comme Empereur , il eut l'art , de même que fes Succeffeurs, de per- fuader à l'Allemagne que la Hongrie étoit une barriere qui la couvroit, & que l'Empire par conféquent devoit s'intéreffer à fon falut. D'un autre côté les conquêtes des Turcs affoibliffoient leur Empire, parce qu'ils ne fçavoient pas les mettre à profit par de fages réglemens ; détruifant pour conferver, ils n'acqueroient rien. Leur Religion ennemie des arts, du commerce & de toute cette induftrie qui fait fleurir un Etat, laiffa regner les vainqueurs dans des Provinces dévaftées, & fur les débris des Puiffances qu'ils avoient ruinées. Le defpotifme le plus intolérable produifit enfin dans la Monarchie Ottomane tous les maux dont il eft le germe.

On a remarqué que tout gouvernement defpotique devient militaire, dans ce fens que les foldats s'emparent de toute l'autorité. Le Prince qui veut ufer d'un pouvoir arbitraire en gouvernant des hommes, ne peut avoir que de vils efclaves pour fujets ; & comme il n'y a aucune loi qui retienne fa puiffance dans de certaines bornes, il n'y en a auffi aucune qui le protege, & qui foit le fondement de fa grandeur. Se fervant néceffairement de la milice pour tout opprimer, il eft néceffaire que cette milice connoiffe enfin ce qu'elle peut, & l'opprime à fon tour ; parce que fes forces ne peuvent être contrebalancées par des Citoyens qui ne prennent aucun intérêt à la police de l'Etat, & qui cependant, dans le cas de la révolte des gens de guerre, font la feule reffource du Prince.

Soliman I. connoiffant tous les dangers aufquels fes Succeffeurs feroient expofés, fit une loi pour défendre que les Princes de fa Maifon paruffent à la tête des armées, & euffent des Gouvernemens de Provinces. Il crut affermir les Sultans fur le Trône, en enfeveliffant dans l'obfcurité tout ce qui pouvoit leur faire quelque outrage. Par cette politique il crut ôter aux Janiffaires le prétexte de leurs féditions, mais il ne fit qu'avilir fes Succeffeurs. Corrompus par l'éducation du Serrail, ils porterent en imbécilles l'épée des Héros qui avoient fondé & étendu l'Empire. Les révolutions devinrent encore plus fréquentes ; les Sultans incapables de regner, furent le joüet de l'indocilité

& de l'avarice des Janissaires ; ceux ausquels la nature donna quelque talent, furent déposés par les intrigues de leurs propres Ministres, qui ne vouloient point d'un Maître qui bornât leur pouvoir.

Malgré les vastes Etats que possede le Grand-Seigneur, il n'entre presque pour rien dans le système général de l'Europe. Les Turcs sont pour ainsi dire inconnus dans la Chrétienté, ou bien l'on ne les y connoît que par une tradition ancienne & fausse qui ne leur est pas avantageuse. Si la Porte entretenoit des Ambassadeurs ordinaires dans toutes les Cours ; que se mêlant des affaires elle offrit sa médiation, & la fit respecter ; que ses sujets voyageassent chez les Etrangers, & qu'ils y entretinssent un commerce réglé ; il est certain qu'elle forceroit peu à peu les Princes Chrétiens à s'accoutumer à son alliance. Les Catholiques traitent aujourd'hui avec les Hérétiques, contre lesquels ils ont fait des croisades ; la haine qui nous sépare des Infidelles, s'amortiroit en les fré-

quentant ; & bientôt l'on ne trouve-
roit plus extraordinaire qu'un Prince
Chrétien trouvât à Conſtantinople
des ſecours qu'il n'oſe pas y demander
aujourd'hui ſans cauſer une ſorte de
ſcandale.

Il n'eſt pas vraiſemblable que la
Porte change de politique. Ce n'eſt
point, comme on le croit ordinairement, qu'elle ſoit attachée à ſes principes par orgueil, ou par mépris pour
les Chrétiens ; mais elle penſe avec
raiſon, que ſon gouvernement doit
avoir pour baſe l'ignorance & la miſére
des ſujets ; & ce que je propoſe, en
éclairant les Turcs, & en les enrichiſ-
ſant, produiroit ſans doute dans leur
Empire des révolutions funeſtes à ceux
qui en tiennent entre les mains toute
l'autorité.

Quelques Puiſſances de l'Europe
n'ont de relation avec la Porte que
par leur commerce ; telles ſont entre
autres l'Angleterre & la République
des Provinces-Unies , qui dans les
Traités de défenſe qu'elles ont contractés avec la Maiſon d'Autriche ,

ne lui garantissent point ses possessions contre les invasions des Turcs. Quand l'Espagne obéissoit à un Prince Autrichien, elle étoit attentive à tous les mouvemens qu'ils faisoient en Hongrie, ou sur les Côtes de la mer Adriatique ; Philippe V. n'y prend aujourd'hui aucun intérêt. L'Espagne a oublié que le fameux Barberousse avoit ravagé ses Côtes ; & en effet les Turcs sont à présent trop foibles sur mer pour lui faire craindre de pareils dangers. Le Royaume des deux Siciles , dont les intérêts doivent être chers à la Cour de Madrid , est en sûreté contre les entreprises de la Porte. Ces deux Puissances sont liées par des Traités , & d'ailleurs il n'est pas naturel que les Turcs veüillent tenter à grands frais de faire en Italie des conquêtes qu'ils ne pourroient conserver , & qui souleveroient contr'eux toutes les forces de la Chrétienté , tandis que la Hongrie leur promet des succès plus faciles & plus avantageux.

Il n'y a que la France & la Suede , de toutes les nations qui ne sont pas voisines de la Porte, qui puissent former avec elle une liaison solide. Par leur position même, la Monarchie Françoise & l'Empire Ottoman ne peuvent se porter aucun préjudice, & sont en état cependant de se procurer les avantages les plus considérables, parceque leur plus grand ennemi est leur ennemi commun ; on sent que je veux parler de la Maison d'Autriche, qui partage le Royaume de Hongrie avec les Turcs, & dont les Terres du côté de l'Occident confinent à celles de France.

Les François sont les plus anciens Alliés des Turcs ; pendant un temps leurs Ambasseurs étoient appellés au Conseil secret du Grand Seigneur, & admis dans le Serrail; mais les Successeurs de François I. ne sçurent pas cultiver l'amitié que ce Prince leur avoit ménagée ; par je ne sçais quelle politique mal entendue, ils ont souvent desservi la Porte. Il est arrivé de-là que la France a perdu beaucoup de son crédit à Constantinople, & que peu à peu les Priviléges dont les François y joüissoient seuls par rapport au commerce, ont été accordés aux autres Nations.

On peut appliquer à la Suede ce que j'ai dit de la France. Les Suedois occupés pendant long temps à faire la guerre à la Pologne & à la Russie, ont senti l'importance d'entretenir à Constantinople des relations qui donnassent de la jalousie à leurs ennemis, & leur fissent toujours craindre quelque diversion.

La Reine de Hongrie, la Pologne, la Russie & la République de Venise forment une barriere que les Turcs ne peuvent forcer. On ne sçauroit même douter que ces quatre Puissances ne fussent en état de repousser le Grand Seigneur en Asie, s'il étoit de l'intérêt des autres Princes Chrétiens de leur laisser éxecuter une pareille entreprise, ou si elles pouvoient elles-mêmes réunir leurs forces pour un semblable dessein. La Porte conservera l'empire qu'elle a acquis en Europe, parce que sa ruine agrandiroit trop quelques Puissances, & qu'il importe d'ailleurs à tous les Peuples qui font le commerce du Levant, que la Grece & les autres Provinces de la domination Ottomane, foient entre les mains d'une nation oifive, paref-feufe, & qui ignore l'art de tirer parti des avantages que lui préfente fa fitua-tion.

Dans la Guerre célebre qui fut ter-minée par la Paix de Carlowitz, la Pologne & Venife fe feroient hâtées de faire leur accommodement avec le Grand Seigneur, elles auroient mê-me dû lui fournir en fecret des fe-cours, fi les fuccès de l'Empereur Léopold l'euffent mis en état de mar-cher à Conftantinople. Ces deux Ré-publiques n'ignorent pas qu'une cer-taine rivalité entre la Cour de Vienne & la Porte, leur donne de la confidé-ration, & fait leur fûreté. Si le Turc accabloit la Maifon d'Autriche, les Domaines que les Venitiens poffédent en Dalmatie, leur feroient bientôt enlevés, & les Polonnois auroient de vives allarmes pour la Podolie & les Provinces voifines. D'un autre côté la Cour de Vienne ne sçauroit triompher de l'Empire Ottoman, & conserver en même temps assez de modération pour ne pas vouloir dominer sur le Golphe Adriatique, & pour ne point traiter les Polonois avec autant de hauteur qu'elle a aujourd'hui de ménagemens pour eux.

Dans la situation présente des choses, les Venitiens & les Polonois ne doivent songer qu'à vivre en bonne intelligence avec la Porte. Elle ne peut leur donner aucun ombrage depuis l'agrandissement de la Russie, & par conséquent les motifs qui les portérent à se liguer avec l'Empereur Léopold, pour faire la guerre à Mahomet IV. ne subsistent plus aujourd'hui. D'ailleurs soit foiblesse de leur part, soit mollesse dans les ressorts de leur politique, leur gouvernement ne leur permet pas d'esperer de grands succès à la Guerre, & ils ne pourroient l'entreprendre qu'avec le secours de quelques Alliés, qui étant plus puissans qu'eux, en retireront toujours le principal avantage.

Dans le temps même que la Ruffie ne joüiffoit prefque d'aucune confidération auprès des Princes Chrétiens, elle étoit cependant refpectée des Turcs. Que doit-ce donc être aujourd'hui que cette Puiffance formée par Pierre le Grand, a appris à connoître fes forces, domine fur le Nord, & influe dans toutes les affaires de l'Europe ? De quelque fupériorité que la Cour de Peterfbourg puiffe fe flatter, il eft de fon intérêt d'entretenir la Paix avec la Porte. Les Polonois lui refufant la liberté de paffer fur leurs Terres pour porter l'effort de fes armes en Moldavie, elle eft obligée de fe tourner du côté des Palus-Méotides & du pays des Tartares. La Guerre ne fe peut faire dans ces Provinces qu'avec des frais immenfes. Les Ruffes s'y confumeroient à faire des conquêtes pénibles & inutiles, tandis qu'il leur importe fi fort de conferver leurs forces, & de les tourner du côté de l'Europe, pour cimenter l'empire qu'ils ont acquis dans le Nord.

Aucun des motifs dont je viens de parler, ne peut engager la Cour de Vienne à rechercher l'amitié des Turcs ; elle eſt aſſez puiſſante pour leur réſiſter, & même pour devoir eſperer des ſuccès en les attaquant. La Hongrie où elle fait la Guerre commodément, n'eſt point un pays où elle ne puiſſe remporter que des avantages infructueux : bien loin de-là les conquêtes qu'elle y feroit, augmenteroient la conſidération dont elle joüit dans l'Empire, & dans le reſte de l'Europe.

Ce que je viens de dire ſuffit, ſi je ne me trompe, pour juger des principes ſur leſquels le Divan devroit établir ſa politique. Puiſque la Cour de Vienne eſt la ſeule Puiſſance qui puiſſe faire la Guerre avec avantage aux Turcs, ils doivent donc la regarder comme leur principale ennemie. L'Empire Ottoman doit donc mettre à profit les diſpoſitions favorables dans leſquelles la Ruſſie, les Polonois & la République de Veniſe ſont à ſon égard ; il doit donc par une conduite prudente empêcher que la Maison d'Autriche n'en tire des secours contre lui.

Les Polonois & les Venitiens ne rompront jamais avec la Porte, tant qu'elle ne portera la Guerre que sur le Danube. La Russie même verroit sans inquiétude les progrès des Turcs de ce côté-là, si elle étoit sûre qu'ils n'abusassent point de ces avantages pour se porter dans les Provinces Méridionales de sa domination. Mais j'ajoûte qu'il est aisé au Grand Seigneur d'inspirer cette sécurité à la Cour de Petersbourg. Ce que la Porte peut conquérir sur les Russes, aujourd'hui qu'Asoff est démoli, ne la dédomageroit pas des frais immenses que lui coûteroit cette Guerre. Ses frontieres ne seroient pas plus en sûreté qu'elles le sont actuellement, & d'ailleurs elle n'ajoûteroit rien à la considération qu'elle recherche. Dès que le Divan paroîtra bien persuadé de cette vérité, les Russes se déferont d'autant plus aisément des soupçons, & de la défiance que leur donne le voisinage des Turcs,

Turcs, qu'ils gagneroient beaucoup,
comme je l'ai fait voir, à entretenir
une Paix durable avec la Porte ; &
qu'en privant leurs autres voisins de
l'esperance de trouver des diversions
& des secours toujours prêts à Constantinople, ils affermiroient l'espece
d'empire qu'ils ont acquis sur eux.

La Porte peut jetter avec succès
les fondemens de l'alliance dont je
parle ; il ne s'agit que de favoriser le
commerce des Russes en augmentant
les privileges dont ils jouissent dans
l'Empire Ottoman ; de retenir les
Tartares dans leur devoir, & de les
châtier avec rigueur dès qu'ils auront
exercé leur brigandage, ou fait quelque course sur les terres de Russie.
On m'objectera sans doute que l'é-
troite alliance qui regne entre la Cour
de Vienne & celle de Petersbourg,
est un obstacle insurmontable à ce que
je propose. Mais qu'on y fasse réfle-
xion, ces deux Puissances ne sont
étroitement unies que par la mauvaise
politique de la Porte, qui jusqu'à
présent les ayant également mena-

cées, ne leur a donné qu'un même intérêt. Tant que cette alliance sera également utile aux deux Parties qui l'ont contractée, il ne faut pas douter qu'elle ne soit inviolable ; mais si les Russes sentent que les Turcs ne veulent pas s'agrandir à leurs dépens, dès-lors ils sentiront moins la nécessité de se ménager une diversion du côté de la Hongrie, & par conséquent ils n'auront plus pour la Cour de Vienne les égards qu'ils lui ont témoignés dans toutes les occasions.

Ce seroit me jetter dans une digression peut-être trop étrangere à mon sujet, que d'examiner en détail tous les principes sur lesquels est fondée l'alliance de Vienne & de Peterfbourg. Je me borne à remarquer qu'indépendamment de la conduite que peut tenir le Grand Seigneur, les liens en seroient bientôt rompus, si la nouvelle Maison d'Autriche confervoit dans l'Empire tout le crédit qu'y ont eu les Peres de la Reine de Hongrie, en même temps que la Maison de Holstein, qui a des possessions &

des prétentions en Allemagne , occupera le Trône de Ruffie ; mais j'aban-
donne cette matiere aux réflexions de
mon Lecteur.

Il eft vraifemblable que la Porte
continuera long-temps à fe conduire
par fes anciennes maximes ; c'eft-à-
dire, à ne confulter que fes caprices,
& à n'avoir qu'un but vague d'agrandiffement. Embraffant trop d'objets à
la fois , fon ambition tiendra tous fes
voifins réunis contr'elle. La Porte
ignore ce qui fe paffe en Europe, ou
elle n'en eft inftruite que par le rapport infidelle des Ambaffadeurs qui y
refident, & de quelques Commerçans. Son Gouvernement eft fujet à
trop de révolutions pour pouvoir agir
long-temps par les mêmes principes.
La chute d'un Sultan ou d'un Vifir
change la politique toujours fubor-
donnée à l'infolence des Janiffaires &
aux intrigues du Serrail. Il faut ménager une milice incapable de raifonner,
qui fait les forces de l'Empire , que
fes fuccès ont enhardie , & qui n'obéit
à fes Chefs , qu'en fçachant qu'elle eft

la maîtreſſe de la tête du Sultan. A
l'égard des cabales du Serrail, on ne
s'en feroit qu'une image imparfaite en
les comparant à celles qui regnent
dans les Cours des Princes Chrétiens.
Dans le Palais du Grand Seigneur
tout eſt myſtere. Des femmes, des
eſclaves inviſibles, voilà les reſſorts
qui font tout mouvoir, & que ſouvent
un Grand Viſir lui-même ne connoît
point.

Malgré les vices de ſon Gouvernement, la Porte ſeroit redoutable aux
Chrétiens, ſi les Mahometans pouvoient ſe réunir contr'eux ; mais heu-
reuſement le ſchiſme qui diviſe les
Turcs & les Perſans, leur interdit
toute alliance. Il en réſulte que l'Empire Ottoman entouré d'ennemis,
doit ſe ſuffire à lui-même. Cette ſituation eſt fâcheuſe, mais il peut y remédier en profitant des diviſions de
la Chrétienté. Si la Porte ſçavoit ſaiſir
le moment favorable, les guerres que
ſe font certaines Puiſſances, ſeroient
autant de diverſions en ſa faveur.

Avant que de rendre compte des

Traités que la Porte a paſſés avec les Princes Chrétiens, je dois dire un mot ſur la maniere dont elle enviſage ces ſortes d'engagemens, & je ne puis mieux traiter cet article qu'en rapportant ce que dit un Ecrivain auſſi inſtruit de la politique que de la religion des Turcs. *Ils tiennent, dit-il, pour maxime qu'il ne ſont pas obligés d'avoir égard aux Traités qu'ils font avec les Chrétiens, ni à la juſtice, ni à l'injuſtice de la rupture, quand elle a pour but l'agrandiſſement de l'Empire, & par conſéquent l'accroiſſement de leur Religion. Quand Mahomet, ajoute-t-il, fut obligé de lever le Siége de la Meque, après avoir été battu, il fit la Paix avec les Habitans, & leur promit de l'obſerver de bonne-foi ; mais après avoir ramaſſé ſes forces, il ſe rendit le maître de cette Ville l'été ſuivant, pendant que ſes Citoyens dormoient en repos, & ne ſe défioient de rien moins que de la trahiſon du Prophéte. Mais afin que cette perfidie ne deshonorât pas ſa prétendue ſainteté, ſi la connoiſſance en paſſoit à la poſtérité, il donna per-*

miſſion à tous ceux qui croyent en lui, de n'avoir jamais égard dans des rencontres de pareille nature, où ils auroient affaire avec des gens d'autre religion que la ſienne, ni à la foi donnée, ni aux promeſſes, ni aux Traités. Cette Loi ſe trouve dans le Livre, que l'on appelle Kilab Hadaia. C'eſt une coutume ordinaire parmi les Turcs de conſulter le Mouſti, quand il ſe préſente quelque occaſion ſecourable de s'emparer d'un pays, & qu'ils n'en ont point de prétexte ; & lui ſans examiner ſi la Guerre eſt juſte, ou ſi elle ne l'eſt pas, donne ſon Fetfa ou ſa Sentence, conformément au précepte de Mahomet, & la déclare légitime.

L'Auteur que je cite, a raiſon de dire après cela *qu'il ne s'étoit jamais vu que l'infidélité & la trahiſon fuſſent autoriſées par un Acte public & authentique, & que le parjure fût un acte de Religion, juſqu'à ce que les Docteurs de la Loi de Mahomet, à l'imitation de leur Prophéte, euſſent enſeigné cette Doctrine à leurs diſciples, & la leur euſſent recommandée.* Je ſçais que parmi les Princes Chrétiens, & les Peuples les plus civilisés du monde, on a souvent pris ses avantages au préjudice des Traités solemnellement jurés ; je sçais aussi que l'on a mis en question dans les Ecoles, si on devoit garder la Foi aux infidéles, aux hérétiques & aux méchans ; mais aussi suis-je persuadé qu'il auroit été plus glorieux & plus avantageux pour les Chrétiens, de n'avoir jamais pratiqué le premier, ni douté du second.

FRANCE.

Les François, comme les plus anciens Alliés de la Porte, ont joüi pendant longtemps des plus grands Priviléges dans ses Ports. On voit par la Capitulation que Henry IV. obtint d'Amurat III. le 20. May 1604, que les Espagnols, les Portugais, les Catalans, les Ragusois, les Genois, les Anconitains, les Florentins, & généralement tous les autres Peuples qui n'avoient point d'Ambassadeur à la Porte, ne pouvoient trafiquer dans les Domaines du Grand Seigneur , que sous la Banniere de France ; qu'ils étoient obligés d'être sous la protection des Consuls François , qui résident dans les Havres & Echelles du Levant, & de leur payer de certains droits ; mais qu'ils pouvoient, comme les Commerçans mêmes de France , acheter & transporter toutes les marchandises prohibées, les Cuirs, Cire, Cottons, &c. à la réserve de la Poudre à canon, & des Armes nécessaires à la Guerre. *Capitulation du 20. May 1604 , art. 4. 7. & 17.*

Sous le régne d'Elisabeth, les Anglois traiterent avec la Porte , & obtinrent le privilége de commercer sous leur Pavillon. Cette premiere faveur les enhardit, & ils prétendirent bientôt que les Hollandois devoient ne reconnoître dans toute l'étendue de l'Empire Ottoman, d'autre protection que la leur. La Porte fut favorable à cette prétention, ne regardant point les Provinces-Unies, comme une nation particuliére , mais comme une dépendance ou une annexe

annexe du Royaume d'Angleterre. L'Ambassadeur de France se plaignit, & reprensenta inutilement au Divan, qu'il s'étoit lié les mains, par la clause où il est dit, que le Ministre d'Angleterre & le Baile de la République de Venise ne pourroient point s'opposer aux Priviléges accordés à la nation Françoise, & qui déclaroit nul d'avance tout Acte qui y apporteroit quelque changement. *Capitulation du* 20. *May* 1604, *article* 5. *& 6.*

Il en faut convenir, la faveur que la Porte accordoit au commerce des François, ne pouvoit être que l'ouvrage d'une ignorance monstreuse dans cette matiere. En gênant les autres Nations, le Grand Seigneur diminuoit le produit de ses Doüanes, & ses Sujets n'étoient maîtres du prix ni des marchandises qu'ils recevoient, ni des denrées qu'ils vouloient vendre. On a compris cette vérité à Constantinople, & tous les Peuples qui ont pu établir avec quelque avantage un commerce réglé dans le Levant, ont obtenu les Priviléges qui pouvoient le favoriser.

Les Ambaſſadeurs de l'Empereur de France auront la préſéance ſur tous les autres Ambaſſadeurs qui réſident à la Porte. Ces Conſuls François établis dans les Echelles du Levant, joüiront auſſi de la même prérogative à l'égard des Conſuls des autres nations. *Capitulations du 20. May 1604. art. 20. & 22. du 5. Juin 1673. art. 10. du 28. May 1740. art. 1.* Les deux premieres capitulations ſont rappellées & confirmées par la derniere.

Les ſujets de l'Empereur de France & des Princes ſes Alliés, pourront aller librement en pélerinage dans les ſaints lieux. Ils ſeront protégés de même que les Religieux qui deſſervent l'Egliſe du Saint Sépulchre de Jeruſalem. On permettra à ces derniers, ſous la requiſition de l'Ambaſſadeur de France à la Porte, de faire à leurs bâtimens les réparations néceſſaires. On n'exigera des François aucun droit pour les Egliſes qu'ils ont ſur les Terres du Grand Seigneur; &

les Religieux de même que les Evêques de cette nation ne feront point
troublés dans leurs fonctions. *Cap.
de* 1604. *art.* 4. *Cap. de* 1673. *art.*
1. 2. & 3. *de* 1740. *art.* 39.

Les fujets de la Porte qui trafiquent
dans le Pays Etranger fur leurs vaiffeaux ou autrement, fe mettront fous
la protection du Conful de France,
& ils lui payeront les mêmes droits
qu'il perçoit des Commerçans de fa
nation. *Cap. de* 1673. *art.* 15.

L'Ambaffadeur & les Confuls de
France joüiront de tous les privileges
du droit des gens. Les perfonnes qui
auront à fe plaindre d'eux, ou à leur
faire quelque demande en Juftice, s'a-
drefferont directement à la Porte. *Cap.
de* 1604. *art.* 19. *Cap de* 1673. *art.*
17. Ils ne payeront aucun droit pour
l'entrée des vivres, étoffes, &c. néceffaires à l'entretien de leur maifon.
Cap. de 1604. *art.* 22. *Cap. de* 1673.
art. 21. Les Interprêtes & Truche-
mans qui feront à leur fervice, de
même que quinze de leurs Valets
Rayas, ne payeront aucun fubfide.

Cap. de 1604. *art.* 16. *Cap. de* 1673. *art.* 14. *Cap. de* 1740. *art.* 4. Les François établis dans l'Empire Ottoman, feront exempts de payer le *Karatche*, c'est-à-dire la Capitation. *Cap. de* 1673. *art.* 34. *Cap. de* 1740. *art.* 24. S'il furvient quelque différend entre des Marchands de cette Nation, le jugement en appartiendra au feul Ambaffadeur & aux feuls Confuls François. *Cap. de* 1604, *art.* 18. & 35. *Cap. de* 1673, *art.* 16. & 37. Si un François a un démêlé avec quelque fujet du Grand Seigneur, le Juge, à qui en appartient la connoiffance, ne pourra informer ni porter un Jugement, fans la participation de l'Ambaffadeur, ou du Conful de France, & fans qu'un Interprête de la Nation ne foit préfent à la Procédure, pour défendre les intérêts du François. Celui-ci fe hâtera cependant de produire un Interprête, pour ne pas arrêter le cours de la Juftice. *Cap. de* 1673, *art.* 36. Il eft ajoûté que fi la fomme dont il peut être queftion entre un François & un Sujet du Grand Sei

gneur, paſſe 4000. aſpres, le Procès
ne ſera jugé qu'à la Porte même. *Art.*
12. *Cap. de* 1741, *art.* 26.

Les conteſtations qui naiſſent entre
les Négocians François & autres perſonnes, étant une fois jugées & terminées juridiquement, il ne ſera plus
permis d'y revenir par de nouvelles
procédures. S'il étoit jugé à propos
de revoir ces procès, ils ne ſeront
décidés qu'à la Porte. *Cap. de* 1740,
art. 28. S'il arrive que les Conſuls
& les Négocians François ayent quelque conteſtation avec les Conſuls &
les Négocians d'une autre nation
Chrétienne, il leur ſera permis, du
conſentement des deux Parties, de
renvoyer leur procès aux Ambaſſadeurs qui réſident à la Porte. Tant
que le Demandeur & le Défendeur
ne conſentiront pas à porter ces ſortes
de procès qui ſurviendront entr'eux,
pardevant les Pachas, Cadis, &c.
Ceux-ci ne pourront pas les y forcer.
Cap. de 1740, *art.* 9.

S'il arrive qu'on tue quelqu'un dans
les quartiers où les François réſident,

il eſt défendu de les moleſter en leur demandant le prix du ſang ; à moins qu'on ne prouve en Juſtice qu'ils ſont les auteurs du meurtre. *Cap. de 1673, art.* 13. Si quelque Turc refuſe à l'Ambaſſadeur ou aux Conſuls de France de rendre les eſclaves de leur nation qu'il poſſede , il ſera obligé de les envoyer à la Porte afin qu'il ſoit décidé de leur ſort. *Cap. de 1673, art.* 33. Le Grand Seigneur ni ſes Officiers ne pourront s'emparer des effets d'un François qui mourra ſur ſes Terres. Ils ſeront mis ſous la garde de l'Ambaſſadeur ou des Conſuls de France , & délivrés au légitime héritier du deffunt. *Cap. de* 1604 , *art.* 28. *Cap. de* 1673 , *art.* 28.

Un François, quel qu'il puiſſe être, qui aura embraſſé la Religion Mahométane , ſera obligé de remettre à l'Ambaſſadeur de France , aux Conſuls de cette nation ou à leur Délégué, les effets de quelqu'autre François dont il ſe trouvera ſaiſi. *Cap. de* 1740 , *art.* 25.

Les Officiers du Grand Seigneur

n'empêcheront point les Marchands
François de tranſporter en temps de
paix, par terre, par mer ou par les
rivieres du Danube ou du Tanaïs,
des marchandiſes non prohibées, ſoit
qu'ils veüillent les faire ſortir des
États de l'Empire Ottoman, ſoit qu'ils
veüillent les y faire entrer. Bien en-
tendu cependant que les Commerçans François payeront dans ces occaſions tous les droits auſquels les
autres nations Franques ſont ſoumi-
ſes. *Cap. de* 1740, *art.* 16.

En conſidération de l'étroite &
ancienne amitié qui regne entre l'Empereur de France & la Porte, les
marchandiſes chargées dans les Ports
de France, ſur des Bâtimens François, pour les Ports du Grand Seigneur ; & celles qui feront chargées
dans ceux-ci ſur des Vaiſſeaux François, pour être tranſportées dans les
terres de la Domination Françoiſe,
feront exemptes du droit de Mezete-
rie. *Cap. de* 1740, *art.* 12. Cet article met les François en état d'étendre
beaucoup leur commerce ſur les ter-

res du Grand Seigneur. Les perfonnes qui fentiront tout l'avantage qu'on
en peut tirer, jugeront aifément que
feu M. de Villeneufve ne pouvoit
rendre un fervice plus important à fa
patrie.

Je ne parle point ici des différens
droits d'entrée & de fortie que les
François, de même que les autres
nations Franques, payent aux Doüanes du Grand Seigneur. Ces détails
ne font intéreffans que pour les particuliers qui négocient dans le Levant ;
& je ne pourrois rien leur apprendre
de nouveau.

Les François pourront faire toute
forte de pêches fur les côtes de Barbarie, & en particulier dans les mers
qui dépendent des Royaumes de Tunis & d'Alger. *Cap. de* 1604, *art.* 15.
Dans le treiziéme article de la Capitulation de 1673. il n'eft point parlé
des mers d'Alger. •

Les Corfaires de Barbarie ne pourront attaquer les Navires portant pavillon François. Ils relâcheront ceux
qu'ils auront pris, de même que les

prisonniers de cette nation ausquels ils restitueront tous leurs effets. En cas de contravention, la Porte ajoutera foi aux plaintes de l'Empereur de France, & elle donnera ses ordres pour punir les délinquans. La France pourra châtier les Barbaresques en leur courant sus, sans que le Grand Seigneur en soit offensé. *Cap. de* 1604, *art.* 14. Dans la Capitulation de 1673, article 12. il est dit simplement que la France les châtiera en les privant de ses ports. Si les Corsaires qui abordent dans les Echelles du Levant, font quelque injure ou quelque dommage aux François qui y commercent, ils seront séverement châtiés par les Officiers du Grand Seigneur. *Cap. de* 1740, *art.* 38.

Le commerce ne seroit point en sureté contre les Puissances de la côte d'Afrique, si l'on se contentoit de prendre à ce sujet des engagemens avec la Porte. Ces Pirates connoissent trop bien sa foiblesse sur mer, pour reconnoître son prétendu Empire. Aussi la France, l'Angleterre, les

Provinces-Unies , &c. traitent-elles
directement avec Tunis , Tripoli ,
Alger , &c. Cependant ces Barbaref-
ques n'obfervant leurs Traités qu'autant qu'ils y font forcés , ils s'expofent
à être châtiés avec rigueur ; & dans
ces occafions il eft très-avantageux
d'avoir contracté de telle façon avec
le Grand Seigneur , qu'il ne puiffe
prendre leur défenfe. Le Divan accor-
deroit d'autant plus volontiers fa protection aux Corfaires de Barbarie ,
qu'il croiroit étendre fon pouvoir , &
qu'il ne demande pas mieux que de
trouver des prétextes pour faire des
avanies aux Commerçans Chrétiens ,
& en tirer quelques bourfes.

Le brigandage des Africains eft
peut-être plus avantageux que nuifi-
ble aux grandes Puiffances , elles font
rarement attaquées. Tout le dommage
retombe fur le commerce des petits
Etats qui font obligés de renoncer à
leurs entreprifes , ou de donner une
partie de leur gain aux nations dont
ils frétent les vaiffeaux , & dont ils
empruntent le pavillon.

Dans les Traités qu'un Prince Chrétien paſſe avec les Pirates d'A-frique, on convient toujours qu'on ne ſe fera de part & d'autre aucune injure ni aucun dommage ſur mer ; ſi les circonſtances le demandent, on ſe promet même un ſecours mutuel. Les Barbareſques conſentent à n'a-border un vaiſſeau de leur Allié qu'a-vec une chaloupe dans laquelle, outre les Rameurs, il ne pourra y avoir que deux hommes ; & ces deux hommes ſeuls peuvent entrer dans le navire pour le viſiter & vérifier ſes paſſe-ports. On renonce à la liberté d'arrê-ter un vaiſſeau de Tunis, d'Alger, de Salé, &c. muni d'un paſſeport de ſa Régence. Si on échoüe ſur les côtes de ces Royaumes l'équipage ne ſera point fait eſclave, & on lui reſtituera les effets qu'on aura ſauvés.

Il arrive quelquefois qu'un Alge-rien qui a fait des priſes ſur un allié, va les vendre à Tunis ou à Maroc, tandis que les Tuniciens & les Maro-cains tranſportent à leur tour les leurs à Alger ou à Tripoli. Pour arrêter cette fraude, il eſt important d'exiger du Gouvernement un article par lequel il la déſavoüe, & s'engage même à donner dans ce cas une réparation ſatisfaiſante à la partie léſée. Ces nations ne demandent que le plus léger prétexte pour violer leurs engagemens ; on ne peut donc s'énoncer trop en détail avec elles, & ſur-tout il faut leur donner l'exemple de la bonne foi en obſervant à la lettre tout ce dont on eſt convenu, & ne donnant jamais azile aux eſclaves fugitifs qui ſe cachent dans des vaiſſeaux Chrétiens.

Une Puiſſance qui veut tenir un Conſul à Tripoli, à Alger, &c. ſtipule qu'il y joüira du droit des gens, en expliquant ce que c'eſt que ce droit ; qu'il ſera ſeul Juge de tous les différends qui pourront s'élever entre ceux de ſa nation, & qu'il aſſiſtera au Jugement de tous les procès que ceux-ci auront avec les naturels du pays, ſoit qu'il s'agiſſe d'affaire criminelle ou civile ; qu'il aura dans l'intérieur de ſa maiſon le libre exercice de ſa Religion, & qu'il ſera permis aux

esclaves de sa communion d'y partici-
per. Pour assurer le commerce , il
faut convenir des droits qui se payeront aux Doüanes. On obtient sans peine des Barbaresques l'entrée franche
de toutes sortes d'armes à feu & de
munitions de guerre. Ils se désistent
assez aisément du droit de s'emparer
des effets d'un Etranger qui meurt
chez eux. Ils promettent à un Prince
avec qui ils traitent , de laisser à ses
sujets la liberté de se retirer en cas de
rupture ; mais cet article est presque
toujours violé , & il est rare que leur
premier acte d'hostilité ne tombe pas
sur le Consul & les sujets de la nation
dont ils ont à se plaindre , ou qui leur
déclare la guerre.

En traitant avec les Puissances de
la côte d'Afrique , on s'interdit quelquefois l'entrée de ses ports respectifs,
à moins qu'on ne soit obligé par la
tempête ou par quelque autre accident
d'y chercher retraite. Dans ce cas-là
même les Barbaresques se soumettent
à ne sortir du port qui leur aura été
ouvert , que 24. heures après que les

vaiſſeaux marchands qui étoient dans le même port auront mis à la voile.

ANGLETERRE.

Je me bornerai à parler des privileges que Mahomet IV. accorda à Charles II. & à ſes ſujets. Cette Capitulation eſt du mois de Septembre 1675.

Les Anglois joüiront dans toute l'étenduë de l'Empire Ottoman des mêmes privileges qui y ont été donnés aux François & aux Vénitiens, *art.* 18. c'eſt-à-dire, que toutes les nations qui ne tiennent point d'Ambaſſadeur ordinaire à la Porte, pourront aborder & commercer dans tous ſes ports ſous leur pavillon, *art.* 1. *& 33.* Que les Anglois ne payeront point la taxe nommée Karatche, & qu'ils pourront charger ſur leurs vaiſſeaux toutes ſortes de marchandiſes, à l'exception de la poudre à canon, des armes à feu, & autres dont on ſe ſert à la guerre, *article* 13. *& 22.*

Tout différend élevé entre les Sujets de la Couronne d'Angleterre, sera jugé par l'Ambassadeur ou les Consuls de la Nation. *Art.* 16. A l'égard des Procès que quelque Anglois pourroit avoir avec des Sujets du Grand Seigneur, on suivra les mêmes formalités dont je viens de rendre compte dans l'article précédent, en parlant des François. *Art.* 10. 23. & 24. S'il arrivoit qu'un Anglois, soit à cause de ses propres dettes, soit pour s'être rendu caution, s'absentât, se sauvât du pays, ou fit banqueroute, le Créancier n'aura son recours que contre son Débiteur, & ne pourra intenter action contre aucun autre Anglois. *Art.* 8.

Les effets d'un Anglois mort sur les terres de la Porte, ne seront point confisqués. *Art.* 26. Tout Sujet d'Angleterre fait esclave, sera remis en liberté sur la demande de l'Ambassadeur, ou des Consuls de la nation. *Art.* 12. Et le Grand Seigneur obligera les Corsaires & les Pirates Levantins, à restituer les prises qu'ils au-

ront faites fur les Commerçans Anglois. *Art.* 19.

Provinces-Unies.

Ce n'eft qu'en 1680, que les Hollandois, en vertu de la Capitulation
qu'ils obtinrent de la Porte, cefferent
de trafiquer dans le Levant fous le
Pavillon des Anglois, & commencerent à joüir des mêmes avantages qui
ont été accordés aux François, & aux
autres Nations les plus favorifées. Depuis ce temps les Etats Généraux ont
eu beaucoup de confidération à Conftantinople ; l'étendue de leur commerce a donné une jufte idée de la
grandeur de leur puiffance, & dans
les Congrès de Carlowitz & de Paffa-
rowits, ils ont été, conjointement avec
les Anglois, Médiateurs des Traités
de Paix, que le Grand Seigneur y a
faits avec plufieurs Puiffances Chrétiennes.

Je ne m'arrêterai point à parler
des Priviléges que les Hollandois ont
obtenus. Leur Ambaffadeur joüit des
mêmes

mêmes franchifes que celui d'Angleterre, & il a la même autorité fur les
Commerçans de fa République. En
un mot, on peut appliquer aux Sujets
des Provinces-Unies, tout ce qu'on
vient de lire dans l'article des Anglois.

MAISON D'AUTRICHE.

Dans les Traités que la Maifon
d'Autriche a paffés avec la Porte depuis Ferdinand I. jufqu'au régne de
Léopold, on ne trouve aucun article
qui régle les intérêts refpectifs des
deux Puiffances par rapport au commerce. Elles convinrent à Carlowitz,
que les Sujets de la domination Autrichienne commerceroient librement
dans tous les Etats du Grand Seigneur, & qu'ils y auroient les mêmes
Priviléges qui font accordés aux Nations les plus favorifées. *T. de Carlowitz, art.* 14.

Il n'étoit pas néceffaire alors de
traiter fur cette matiere d'une façon
plus détaillée, les Sujets de la Maifon

d'Autriche ne faifant avec ceux de la Porte , qu'un très-petit commerce par les rivieres de Hongrie. Les chofes ont changé depuis de fituation , & par la Paix d'Utrecht l'Empereur Charles VI. ayant réuni à fes anciens Domaines les Pays-Bas Efpagnols , & une grande partie de l'Italie , fongea à favorifer le commerce avantageux que fes nouveaux Sujets pouvoient faire dans le Levant. Les fuccès qu'il eut en Hongrie contre les Turcs , pendant les Campagnes de 1717, & 1718 , le mirent en état de tout obtenir du Grand Seigneur.

Les Sujets de l'Empereur Charles VI. (fous ce nom font compris les Allemands , les Hongrois , les Italiens & les habitans des Pays-Bas) pourront librement commercer par terre & par mer dans tous les Etats du Grand Seigneur, y porter leurs marchandifes , & en tranfporter de toutes les efpeces , excepté celles qui font néceffaires à la guerre , comme la Poudre à canon, les Armes à feu , &c. ils ne payeront pas aux Doüanes des droits plus forts que la Nation la plus amie. *T. de Paix de Paſſarowitz, art. 13. T. de Commerce de Paſſarowitz, art. 1. 3. & 4.*

Les deux Contractans pourront commercer ſur le Danube. Il ſera libre aux Sujets de l'Empereur d'entrer dans la mer Noire, & de vendre leurs marchandiſes dans toutes les Places de cette côte qu'ils jugeront à propos. *T. de C. de Paſſer. art. 2.*

Les Miniſtres que l'Empereur tiendra à la Porte, joüiront de tous les droits accordés à ceux des autres Princes. On leur donnera même quelque diſtinction particuliere. Ils pourront amener avec eux des Interprêtes, & leurs couriers ne feront jamais arrêtés. *T. de P. de Paſſar. art. 18.*

L'Empereur établira des Conſuls, Vice-Conſuls, Interprêtes, Facteurs, &c. dans tous les lieux où d'autres Princes Chrétiens en tiennent. *T. de P. de Paſſar. art. 13. T. de C. de Paſſar. art. 5.* Les Sujets de la Cour de Vienne feront exempts du Karatche, & la Porte ne s'emparera pas des effets de ceux qui mourront dans ses Domaines. Dans les endroits où la Cour de Vienne ne voudra établir qu'un Interprête, il y joüira de toutes les franchises & de tous les droits accordés aux Consuls. A l'égard des démêlés que les Sujets de l'Empereur peuvent avoir ensemble, ou avec les Sujets du Grand Seigneur, on stipule les mêmes conditions qui ont été arrêtées dans le même cas pour les François & pour les Anglois. Il est dit cependant que si la somme qui cause un Procès entre un Commer-çant Autrichien & un Sujet de la Por-te, passe 3000. aspres, l'affaire sera renvoyée & jugée au Divan. *T. de C. de Passar. art. 5.*

Le Grand Seigneur pourra établir sur les Terres de l'Empereur des *Sachbender,* ce sont des especes de Consuls, pour la sûreté & l'avantage de ses Commerçans. Ils seront proté-gés par le Gouvernement, joüiront du droit des Gens , & prendront sous leur garde les effets des Sujets de la Porte, qui mourront fur les Terres de l'Empereur. *T. de C. de Paffar. art.* 6.

Le Grand Seigneur défendra expreffément à ceux de Tunis, d'Alger, de Dulcinium, d'attaquer les Navires qui porteront Pavillon Autrichien. En cas de contravention, il les châtiera févérement, & les forcera à reftituer leurs prifes. *T. de P. de Paffar. art.* 13.

Le Grand Seigneur ne fe vengera jamais fur les Marchands Autrichiens, des déprédations & captures que l'Ordre de Malte aura faites fur les Turcs, ou fur les autres Sujets de la Porte. *T. de C. de Paffar. art.* 4.

Si quelque Sujet de l'Empereur eft pris fur un Vaiffeau de Corfaires, on lui rendra fa liberté. Si quelque Sujet du même Prince conftitué en place, ou fimple Marchand, eft accufé d'avoir embraffé le Mahometifme, cette accufation fera vaine, jufqu'à ce qu'il avoüe devant le Conful ou l'Interprête, qu'il profeffe en effet la Religion de Mahomet, & ce changement ne l'autorisera point à ne pas payer ses dettes. *T. de C. de Passar. art.* 16.

Les Commerçans de Perse, qui voudront aller dans les Etats de l'Empereur par la mer Noire & le Danube, & retourner par cette même route dans leur pays, ne payeront, outre l'impôt appellé Refflie, que le cinq pour cent de leurs marchandises, & ils ne le payeront qu'à une seule Doüane. *T. de C. de Passar. art.* 19.

En cas de rupture entre les deux Puissances contractantes, leurs Sujets feront respectivement avertis de se retirer ; mais on leur laissera le temps de payer leurs dettes, & de recevoir ce qui leur sera dû. *T. de C. de Passar. art.* 18.

N A P L E S.

On vient de voir que les deux Siciles sont comprises dans le Traité de Passarowitz, & quoiqu'elles eussent changé de maître par la Paix de Vienne de 1738, les Sujets de ce Royaume pouvoient continuer leur commerce dans les Domaines du Grand Seigneur, fous la protection de la Maifon d'Autriche. Cet avantage parut fufpect à la nouvelle Cour de Naples, & D. Carlos jugea qu'il étoit plus digne de lui, & plus utile à fon Peuple, de traiter directement avec la Porte, & d'y entretenir un Miniftre. M. le Marquis Finochetti fut chargé de cette négociation, & malgré les obftacles que lui oppoferent quelques Puiffances qui ont du crédit à Conftantinople, il y fit un Traité avantageux en 1739.

Il y aura une Paix perpétuelle entre la Couronne de Naples & la Porte Ottomane. Leurs Sujets commerceront avec liberté les uns chez les autres, & feront refpectivement traités comme la nation la plus favorifée. En cas de rupture, il leur fera permis de fe tranfporter avec leurs effets où bon leur femblera. Les Sujets du Roi des deux Siciles feront exempts du Karatche, & traités à l'égard des Doüanes, comme les François, les Anglois & les Hollandois. *Art.* 1. 2.

10. & 21. Les Consuls, Vice-Con-
suls & Interprêtes Napolitains, qui
seront établis sur les Terres du Grand
Seigneur, joüiront de tous les priviléges du Droit des gens. La Porte
établira des *Sachbender* dans les Etats
du Roi de Naples. A l'égard de leurs
querelles particuliéres, les Napolitains
ne reconnoîtront point d'autres Juges
que l'Ambassadeur ou les Consuls de
leur nation. En cas de mort leurs effets ne seront point confisqués. *Art. 3.*
4. 5. & 7. Le Grand Seigneur défendra sous des peines très-séveres aux
Corsaires de Barbarie , & des Côtes
de la mer Adriatique, de troubler le
commerce des Napolitains ; les prises
faites par les Pirates seront restituées.
L'un des Contractans ne recevra point
dans ses ports l'ennemi de l'autre.
Art. 17. & 18. Je ne dis rien des
Procès que les Sujets de la Porte peuvent avoir avec ceux des deux Siciles,
dans ce cas l'ordre de la procédure
doit être le même que s'il étoit question d'un François ou d'un Anglois.
Art. 5. & 6. Les Napolitains pour-

ront

ront exercer leur Religion dans toute l'étendue de l'Empire Ottoman. *Art.* 4. Je passe sous silence quelques autres articles moins importans, mais je remarquerai que n'étant point parlé dans ce Traité du rang que devoit tenir à la Porte le Ministre du Roi des deux Siciles, cette matiere devint l'objet d'une seconde négociation. M. le Marquis Finochetti ne se conduisit pas avec moins d'habileté dans celle-ci que dans la premiére ; & il fut arrêté, que pour prévenir toutes les disputes qui pourroient naître au sujet de la précédence dans les visites publiques qu'on rend à la Porte, le Ministre du Roi de Naples, de quelque caractére qu'il fût revêtu, feroit ses visites huit jours avant ou huit jours après que les Ministres, soit Ambassadeurs soit Envoyés des autres Princes Chrétiens, auroient fait les leurs.

VENISE.

La République de Venise sera libre de rappeller & de changer à son gré l'Ambaſſadeur, ou le Baile, qu'elle tient à la Porte. Tout ce que ce Miniſtre & les Conſuls, Interprêtes, &c. acheteront pour l'uſage de leur maiſon, ne payera aucun impôt. *T. de Paſſarowitz, art.* 14. Je ne parle point ici du dix-huitiéme article de ce Traité qui établit le droit du Baile & des Conſuls ſur les Commerçans de leur nation dont ils ſont les ſeuls Juges, & qui regle la procédure qui ſera ſuivie dans les procès que quelque ſujet de la Porte intentera contre un Vénitien ; ce ſont les mêmes priviléges qui ont été accordés aux François. La République eſt traitée ſur les terres du Grand Seigneur, comme la nation la plus favoriſée ; ſes Commerçans ne payeront point le Karatche tant qu'ils n'y ſeront pas établis à demeure, & en cas de mort leurs effets ſeront confiés au Baile ou aux Conſuls qui les remettront au légitime héritier. *T. de Paſſar. art.* 13. *&* 25.

Un Marchand Vénitien ne pourra partir de Conſtantinople pour quelque Echelle du Levant que ce ſoit, sans le sauf-conduit du Baile de sa République. *T. de Passar. art.* 13.

Les vaisseaux portant pavillon de Saint Marc ne seront point insultés. Le Grand Seigneur enjoindra à ceux de Tripoli, d'Alger & de Tunis, de les respecter de même que leur Territoire. On ôtera leurs galeres aux Pirates de Dulcinium. Les uns & les autres seront forcés à réparer les torts qu'ils auront faits aux sujets de la République. Les Commerçans des côtes de Barbarie ou d'ailleurs qui professent la Religion de Mahomet, seront reçus dans les ports de la Seigneurie de Venise; & en payant les droits ordinaires ne recevront aucune avanie, & pourront continuer leur route à leur gré. *T. de Passar. art.* 15. 19. & 20.

La République continüera l'ancien commerce qu'elle fait au Caire. Les deux flottes marchandes qu'elle y envoye, de même que dans quelques autres ports, seront plus ou moins considérables, selon qu'elle le jugera à propos. Leur départ ne pourra être retardé, & elles ne payeront point les droits nouvellement établis. *T. de Paſſar. art.* 21.

Les vaiſſeaux de la République n'entreront point dans les ports du Grand Seigneur, ſans le conſentement de l'Officier qui y commande, & qu'ils n'ayent fait le ſalut ordinaire, à moins qu'ils ne ſoient pourſuivis par des Pirates, ou battus par la tempête. Si les Vénitiens s'emparent de quelques Corſaires, ils ne pourront les faire mourir; on les remettra à la Porte qui ſe charge de les punir. *Traité de Paſſar. art.* 23.

Si un Marchand ou un Capitaine de navire Vénitien ſe faiſoit Mahométan, on ne lui fera aucune inſulte, mais il ſera obligé de payer ſes dettes, de remettre entre les mains du Baile ou des Conſuls, les marchandiſes qui appartiennent aux ſujets de la République, & de rendre le vaiſſeau dont on lui avoit confié le commandement. Dans le cas que l'eſclave d'un Vénitien s'échape & embraſſe le Mahométiſme, il ſera obligé de donner

1000. afpres à fon Maître, on le rendra s'il refte Chrétien. Un efclave Turc qui fe fauvera fur les Terres de la République, n'y aura azile qu'en fe faifant Chrétien, & en donnant 1000. afpres à fon Maître. *Traité de Paffar. art. 25. & 26.*

PAIX DE VASWAR.

Cette Paix, connue auffi fous le nom de Paix de Themefwar, fut conclue entre l'Empereur Léopold & Mahomet IV. le 10. Août 1664. quelques Hiftoriens en rejettent la date au 17. du mois fuivant. La guerre avoit été occafionnée par l'entrée des Turcs en Tranfilvanie, qui foupçonnant la fidelité du Prince qui y regnoit, le dépoferent & placerent fur fon trône Michel Apaffi. La célébre bataille de S. Godart donnée le 1. Août 1664. répandit une telle confternation dans l'Armée des Infidéles, que la Porte n'ofant efperer aucun fuccès, fe hâta de faire fon accommodement.

La Tranfilvanie demeurera dans

ſes anciennes limites, & continuera à jouir de tous ſes priviléges ſous le commandement de Michel Apaffi. *T. de Vaſwar, Art.* 1.

L'Empereur Léopold pourra fortifier Gutta & Nitra, & on raſera les fortifications de Zechethid. *T. de Vaſ. Art.* 2. *&* 7.

Les Territoires de Zatmar & de Zabolch qui avoient été cédés au Prince Ragotski, ſeront donnés à l'Empereur ; & le Grand Seigneur reſtera maître de Varadin & de Newhauſel. *T. de Vaſ. Art.* 6. *&* 8.

La Paix, ou plûtôt la Treve, de Vaſwar n'avoit été faite que pour 20. ans : elle fut renouvellée pour 20. autres années par le Traité que Léopold & Mahomet IV. ſignerent à Conſtantinople en 1681.

Il ſera permis aux deux Puiſſances contractantes de réparer les fortifications qui couvrent leurs frontiéres, mais il leur eſt défendu d'en conſtruire de nouvelles. *T. de Conſtantinople, Art.* 5.

Le Grand Seigneur & le Prince

de Transilvanie, ne pourront lever aucune contribution fur les Territoires de Zatmar & de Zabolch, & ne prétendront aucun droit fur les autres Pays qui appartiennent à l'Empereur Léopold. *T. de Conft. Art.* 6.

Quand la Couronne de Transilvanie fera vacante, qu'il foit permis aux Etats du Pays de s'affembler felon leurs coutumes anciennes, pour fe choifir librement un Prince. Cette Principauté fera maintenue dans la jouiffance de tous fes droits, & de fes prérogatives. *T. de Conft. Art.* 7.

Les Religieux de la Communion Romaine qui font établis dans la partie de la Hongrie foumife aux Turcs, continueront à exercer leurs fonctions fans être moleftés par les Officiers de la Porte. *T. de Conft. Art.* 9.

Le Comte de Montecuculli rapporte dans fes Mémoires, que les Turcs ne font jamais la paix avec les Chrétiens, fans en demander pardon à Dieu, & repréfenter humblement à leur Prophéte qu'ils y font forcés par la néceffité. Mahomet a établi fa Religion les armes à la main, & il a ordonné à fes fectateurs de l'étendre par la même voie. Les Turcs croiroient pécher contre ce précepte, s'ils faifoient une paix définitive avec les Chrétiens. La méthode de ne conclure que des Treves, a quelque chofe de barbare, & femble fuppofer beaucoup d'ambition ; cependant il y a long tems que les Turcs ne font pas des voifins plus inquiets, que les autres peuples de l'Europe, & ils font moins attachés à leurs maximes, depuis qu'ils ont commencé à craindre leurs ennemis. Leurs Treves produifent dans le fond, le même effet que nos Traités définitifs : peut-être même font-elles plus utiles, en ce fens qu'elles abregent les Négociations de la paix.

PAIX DE CANDIE.

Le Gouverneur de Candie ayant donné retraite à quelques Galeres de Malthe qui avoient fait une prife confiderable fur les Turcs, le Sultan Ibrahim entreprit la conquête de cette Ifle. Sa flote y aborda en 1645. & fon armée ouvrit la Campagne par le Siége de la Canée. Tout étoit foumis, & il ne reftoit plus qu'à s'emparer de la Ville même de Candie, quand Ibrahim mourut. Son Succeffeur qui négligea d'abord cette guerre, comprit enfin qu'il falloit confommer l'entreprife de fon pere, ou perdre le fruit de fes fuccès. Mahomet IV. fit les plus grands préparatifs, & les Vénitiens fe difpoferent à une vigoureufe réfiftance. Le Siége de Candie eft un des plus mémorables que préfente l'hiftoire ; cette Place capitula le 5 Septembre 1669. après avoir réfifté près de deux ans & demi, à toutes les forces de l'Empire Ottoman. La Porte perdit à ce Siége, plus de deux cents mille hommes, & il en coûta cent millions d'écus d'or à la République de Venife, pour perdre le Royaume de Candie.

Il y aura une Treve de 30 ans entre la République de Venife & la

Porte. Les Vénitiens abandonneront au Grand Seigneur, Candie, Suda, Spinalonga, le Cap de Carabufes & Tines. *T. ou Capitulation de Candie, art.* 1. *&* 2.

Les Vénitiens poſſéderont ſur la côte de Dalmatie, la Fortereſſe de Cliſſa avec quelque territoire voiſin, pour ſervir de retraite aux Candiots qui voudront abandonner leur pays. *T. de Cand. art.* 4.

La République de Veniſe ne payera pas à la Porte de contribution plus forte que par le paſſé, à raiſon des Iſles de l'Archipel qui lui appartiennent, & elle ſera exempte de toute charge pour les Iſles de Cephalonie & de Zante. *T. de Cand. art.* 5.

PAIX DE ZURAWNO.

Doroſesko, Chef des Coſaques Saporovi, s'étant mis avec ſa nation ſous la protection de Mahomet IV. les Polonois, dont ils étoient Vaſſaux, en furent indignés, & pour les châtier de cette infidélité, envoyerent ſur leurs terres une Armée qui avoit ordre de les ravager. Le Sultan se hâta de venir au secours de ses nouveaux Sujets. Il entre dans la Podolie en 1672. assiége & prend Caminiec en peu de jours ; fait attaquer Lemberg dans la Russie noire, & consterne à un tel point les Polonois en s'avançant jusqu'à Bouczacz, que la Paix y fut signée le 18 Octobre 1672.

Michel-Koribut, Roy de Pologne, cédoit une partie considerable de la Podolie à la Porte, & s'engagea de lui payer un Tribut annuel de vingt-deux mille ducats, & de traiter les Cosaques comme amis. La République revenuë de sa premiére terreur, ne voulut point souscrire à ce Traité honteux. Les hostilités recommencerent, & les succès du fameux Roy Sobieski forcerent le Grand Seigneur à conclure un nouveau Traité à Zurawno sur le Boristhene, le 15 Octobre 1676.

Le Traité de Bouczacz conclu entre Michel-Koribut & Mahomet IV. sera regardé comme non avenu, & le

Tribut annuel de vingt-deux mille ducats eſt aboli. *T. de Zurawno, art. 5.*

Caminiec eſt cédé aux Turs avec une certaine étenduë de la Podolie, dans laquelle ſont compriſes les Places de Yaſlovecz & de Mejibos. Les Polonois reſteront les maîtres de la partie de l'Ukraine qui eſt ſur la rive droite du Boriſthene, & la Porte poſſedera Cominra & l'autre partie de l'Ukraine qui avoit appartenu à Doroſesko. *T. de Zur. art. 2.* Cette partie eſt celle qui eſt ſituée ſur la rive gauche du Boriſthene, & qui appartient aujourd'hui à la Cour de Ruſſie.

Pour bien entendre cet article, il faut ſe rappeller que les Coſaques ne furent pas long temps ſans ſe repentir de s'être mis ſous la protection de la Porte. Leur Général toujours inquiet & mécontent de ce qu'il avoit entrepris, les engagea à ſe donner au Czar, qui les reçut avec plaiſir au nombre de ſes Sujets. Ce fut-là l'origine de la guerre qui s'alluma entre la Ruffie & l'Empire Ottoman, & qui ne fut terminée qu'en 1679. par l'abandon que Mahomet fit au Czar, de la partie de l'Ukraine qu'il s'étoit réfervée en traitant à Zurawno. On peut voir dans le Chapitre fecond de cet ouvrage, les Articles dont la Pologne & la Ruffie font convenues au fujet de l'Ukraine.

Je remarquerai en paffant, que c'étoit un avantage bien médiocre pour un Etat, que de tenir les Cofaques fous fa protection. Tartares d'origine & incapables de difcipline, ils faifoient fouvent plus de mal à leurs amis qu'à leurs ennemis. Ils ont fufcité à la Pologne mille guerres cruelles, & cette République ne vit en bonne intelligence avec la Porte, que depuis qu'elle les a détruits. Le Czar Pierre I. s'eft vû forcé à prendre le même parti à l'égard des Cofaques de la rive gauche du Borifthene ; ce n'eft qu'en les ruinant qu'il a pu arrêter le cours de leurs révoltes & de leurs féditions.

Les Chrétiens auront le libre exercice de leur Religion dans les Territoires qui font cédés aux Turcs, & la garde du S. Sepulchre de Jérufalem, fera rendüe aux Religieux Francifcains. *T. de Zur. art.* 4. & 5.

La Porte & le Kam de la petite Tartarie promettent de défendre de toutes leurs forces, les poffeffions de la République de Pologne. Ils s'engagent même, fi elle y confent, de lui faire reftituer les Provinces qui lui ont été enlevées par les Mofcovites. *T. de Zur. art.* 6. Il paroît que par cette derniere claufe le Grand Seigneur vouloit porter les Polonois à faire une diverfion en fa faveur, & à attaquer les Mofcovites avec lefquels ils n'avoient fait que des Traités de treve en leur cédant Kiou, Smolenfko, &c. Voyez le fecond Chapitre de cet Ouvrage. La République de Pologne étoit trop épuifée pour entreprendre une nouvelle guerre; & la Porte en faifant deux ans après fa paix avec la Ruffie, ne fongea point aux reftitutions qu'elle avoit en quelque forte promifes aux Polonois.

On trouve dans la nouvelle Hiftoire Ottomane du Prince Démétrius
Cantimir, un Traité tout différent de
celui fur lequel j'ai travaillé. Il ne feroit pas difficile, je crois, de prouver
que cette piece eft fuppofée; un Lecteur intelligent s'en appercevra à la
fimple lecture. Que fignifie ce tribut
annuel dont il eft parlé dans le dix-
huitiéme article, & que la République de Pologne fe charge de payer au
Kam de la Tartarie Crimée ? Les
Polonois n'ont jamais été Tributaires
de ce Prince. Eft-il naturel qu'ayant
foutenu une guerre opiniâtre pour fe
laver de la honte du Traité de Bouczacz, ils fe foumettent, malgré leurs
fuccès, à des conditions encore plus
humiliantes, & qu'ils accordent au
Kam des Tartares ce qu'ils refufent
au Grand Seigneur ?

Paix de Carlowitz.

La Hongrie n'a joüi de quelque
tranquillité que depuis le commencement de ce fiécle. Jufqu'au régne de

Ferdinand I. elle fut presque toujours ravagée par le feu des guerres civiles, en même temps qu'elle avoit à se défendre contre les irruptions des Turcs, & à se défier de l'ambition de la Maison d'Autriche. Loüis Ladiflas ayant été tué à la bataille de Mohatz, les Hongrois donnerent leur Couronne à Jean Zapolski, & quelques mécontens la défererent de leur côté à Ferdinand I. dont la femme, Anne de Hongrie, étoit fille & sœur de leurs deux derniers Rois.

Cette double élection excita une guerre sanglante, & les deux Concurrens convinrent enfin, avec le consentement de la Nation, de garder chacun le pays dont ils s'étoient emparés, & que celui qui survivroit à l'autre, seroit reconnu pour seul Souverain de toute la Hongrie. Zapolski ne vécut pas long temps, & dès que Ferdinand I. fut délivré de son rival, il ne songea qu'à affermir son autorité, & à rendre sa Couronne héréditaire : ce projet ambitieux fut une partie de l'héritage qu'il laissa à sa postérité.

poftérité. On ne doit point être furpris que la Hongrie n'ait pu éviter le
joug que l'Empire n'a pu fecoüer. Il
faut le dire cependant à la gloire des
Hongrois, tout ce que le courage peut
ofer, ils le tenterent pour conferver
leur liberté. Mais après avoir éprouvé
pendant deux fiécles toutes les faveurs
& toutes les difgraces de la fortune,
il fallut fuccomber à la Paix de Carlowitz. Les Hongrois fentirent le
contre-coup des pertes que faifoit la
Porte, & les fuccès de l'Empereur
Léopold ne leur laifferent aucune ef-
perance de pouvoir fe relever. La
Tranfilvanie, où fe formoient tous les
orages qui menaçoient la Maifon d'Autriche, devint une de fes Provinces;
il y eut une profcription contre tous
les Seigneurs de Hongrie, dont on
craignit les talens, ou dont les Miniftres de la Cour de Vienne envierent
les richeffes ; les principales Places
du Royaume furent gardées par des
troupes Autrichiennes; les anciennes
Loix furent détruites, & un Gentil-
homme affez téméraire pour parler en

faveur de la Patrie, en eut été infruc-
tueufement le martyr.

Les Priviléges que la Cour de Vienne vient de rendre aux Hongrois, ne
font-ils pas capables de réveiller l'ancien génie de la Nation, furtout dans
un temps qu'elle a appris à connoître
fes forces ?

Perfonne n'ignore les événemens
de la guerre qui fut terminée à Carlowitz le 26. Janvier 1699, par la
médiation de Guillaume III. & des
Provinces-Unies. Quelque humilian-
te que foit cette Paix pour la Porte,
fes ennemis auroient obtenu des conditions encore plus avantageufes, s'il
n'avoit été de l'intérêt de la Cour de
Vienne & des Médiateurs, de pacifier
promptement la Hongrie. On s'attendoit à tout moment à la mort de
Charles II. Roi d'Efpagne, & dans
cette conjoncture les ennemis de la
France avoient befoin de réunir toutes leurs forces contre elle.

MAISON D'AUTRICHE. LA PORTE.

La Principauté de Transilvanie, selon ses anciennes bornes, demeurera sous la puissance de l'Empereur Léopold. *T. de Carlowitz, entre Léopold & Mustapha, art.* 1. Cet article souffre de grandes difficultés, & je doute fort que le Traité de Carlowitz soit un titre capable de légitimer la possession de la Maison d'Autriche. Le Grand Seigneur n'avoit qu'un simple droit de protection sur la Transilvanie, & l'on vient de voir que l'indépendance de cette Principauté est reconnue par les Traités de Waswar, & de Constantinople; pourquoi donc les Ministres du Sultan la cédent-ils purement & simplement, comme ils auroient pu céder une de leurs Provinces? il n'y a personne qui ne sente l'irrégularité de cette conduite.

D'ailleurs le droit de l'Empereur Léopold a d'autant moins de force, que par les Traités de Vienne & de Balasfalva de 1686, dont j'ai rendu compte dans le troisiéme Chapitre de cet Ouvrage, ce Prince avoit lui-même garanti autentiquement aux Transilvains leur liberté, leurs priviléges & leur indépendance. C'est en conséquence de ces Actes qu'ils élurent en 1704. François Rokotski pour leur Souverain légitime, & le proclamerent avec les formalités ordinaires. Tout ce qu'il y eut de mécontens en Hongrie se retirerent en Transilvanie. On prit les armes, & cette Guerre fut terminée par le Traité de Zatmar le 29. Avril 1711. Cette Paix ne légitime point les droits de la Maison d'Autriche, parceque l'Empereur Charles VI. ne traita pas avec le Prince & les Etats de Transilvanie, mais seulement avec quelques Gentilshommes, qui n'étoient autorisés par aucun pouvoir. Ce qu'on appelle le Traité de Zatmar, n'est même point un Traité ; ce n'est qu'un Acte d'amnistie, par lequel un Souverain pardonne à des sujets révoltés, & consent de mettre en oubli leur infidélité. Il y a appa-

rence que la Cour de Vienne, contente de posseder la Transilvanie, n'aura jamais d'autre titre sur cette Province, que celui que donne enfin la
prescription.

Le Grand Seigneur possédera le
Bannat de Themeswar avec tous ses
districts ; c'est-à-dire, tout le territoire qui est borné au Midi par le Danube, au Nord par le Merich, & une
partie de la Transilvanie, à l'Orient
par la Valaquie, à l'Occident par la
Teyssa ou le Tibisc. Toutes les Isles
du Tibisc & du Merich, resteront sous
la domination de la Maison d'Autriche. Les Sujets des deux Puissances
contractantes pourront librement naviger, commercer, pêcher, &c. sur
ces deux rivieres ; & il est défendu
d'en détourner les eaux sous quelque
prétexte que ce soit. L'Empereur pourra détruire les fortifications de Ka-
romsebes, Lugas, Lippa, Csanad,
Kiscanisia, Betsche, Betskerek &
Sablia. Le Grand Seigneur ne pourra
les rétablir ni en construire de nouvelles sur les bords du Tibisc ni du

Merich. *Traité de Carlowitz, art.* **2.**

L'Empereur Leopold n'ajoutera aucune nouvelle fortification à Titul, place située sur le Tibisc. *T. de Carl. art. 3.*

De Titul on tirera une ligne droite au Danube ; de-là on en tirera une seconde jusqu'à Morovig sur le Bossut, & ces deux lignes serviront réciproquement de bornes aux deux Etats. Les fortifications de Morovig seront rasées. La Save, depuis l'embouchure de l'Unna jusqu'à celle du Bossut, servira de limite aux deux Puissances. Les Isles de la Save seront communes, & la navigation y sera libre. Les fortifications de Brod seront démolies, mais comme cette situation est favorable au commerce, l'Empereur pourra y bâtir une Ville qui ne sera enceinte que d'une simple muraille. L'Unna servira de limite à l'Empire Ottoman du côté de la Croatie. *T. de Carl. art.* **4.** *&* **5.**

Chacune des Puissances contractantes s'engage à ne donner aucun azile aux sujets rébelles & mécontens de l'autre. *T. de Carl. art. 9.* Les Hongrois qui fe plaignoient de la Cour de Vienne, avoient coutume de fe retirer fur les Domaines du Grand Seigneur, de demander fa protection, & de traiter avec lui. En 1683. le Comte Emeric Tekeli attira les Armes Ottomanes en Hongrie. Ce Seigneur devoit y être couronné, & il convint avec la Porte qu'après fa mort & celle de fes enfans, les Hongrois fe choifiroient un Prince à leur gré, qu'ils conferveroient leurs priviléges & leur indépendance ; & que moyennant un certain tribut, qui ne pourroit être augmenté ni diminué, le Grand Seigneur feroit obligé de les protéger contre tous leurs ennemis.

Les deux Empires tiendront fur leurs Frontieres refpectives des Commiffaires pour accommoder ou juger tous les différends qui pourroient y naître, & troubler l'harmonie de la Paix. On punira avec févérité tous les vagabonds qui y commettront quelque violence. L'Empereur & le Grand Seigneur n'auront plus à leur fervice de ces troupes, communément appellées *Pribek*, qui ne reçoivent point de folde, & qui ne vivent que de butin. Leurs familles ne feront point fouffertes fur les Frontieres, on les tranfportera dans l'intérieur de l'Etat. *T. de Carl. art.* 11. *&* 9.

Les Miniftres que la Maifon d'Autriche envoyera à la Porte, joüiront des mêmes priviléges qui ont été accordés à ceux des Puiffances les plus amies ; & l'on ne pourra arrêter les couriers qui marcheront par leur ordre. *T. de Carl. art.* 17. Tous les articles qu'on vient de lire, feront fidellement obfervés pendant l'efpace de 25. ans. *T. de Carl. art.* 20.

POLOGNE. LA PORTE.

Les anciennes limites feront rétablies entre la Moldavie & la Podolie ; c'eft-à-dire, que le Niefter leur fervira de féparation. *T. de Carlowitz, entre la Pologne & la Porte, art.* 2.

Les Turcs évacüeront Caminiec ; les fortifications de cette Place demeureront

meureront dans l'état où elles se trouvent actuellement, & le Grand Seigneur renonce à tous les droits qu'il
peut prétendre sur la Podolie ou sur
l'Ukraine. *T. de Carl. art. 3.*

On défendra à tous les sujets de la
Porte de faire des courses sur les Terres de la République de Pologne. Les
Magistrats & les Officiers que les deux
Puissances tiennent sur leurs frontieres
respectives, seront punis s'ils ne châ-
tient pas avec sévérité tous les pertur-
bateurs du repos public. *T. de Carl.
art. 4.*

Il y aura un libre commerce entre
les deux nations. Les Polonois pourront transporter leurs marchandises
dans les Domaines de la Porte, &
les y vendre ou les échanger contre
d'autres marchandises, pourvû qu'ils
payent les droits accoutumés. *T. de
Carl. art. 8.*

La Pologne refusera tout azile aux
sujets fugitifs du Grand Seigneur, &
des Veivodes de Valaquie & de Moldavie. La Porte prend les mêmes engagemens à l'égard des sujets de la

République. En un mot, les deux Puissances contractantes se rendront réciproquement les mécontens & les rebelles qui voudroient exciter quelques querelles entr'elles. *Traité de Carl. art.* 10.

LES TARTARES.

Les Tartares sont compris dans la paix de la Porte avec la Maison d'Autriche & la Couronne de Pologne. S'ils font quelque course sur les Terres de ces deux Puissances, on les forcera à rendre leur butin, & ils seront séverement punis. *T. de Carl. P. M. d'Au. art.* 20. *T. de Carl. P. & Pol. art.* 4.

On ne se donne guéres la peine de traiter directement avec les Tartares de Crimée & les Tartares Nogais; on ne sçauroit compter sur leurs engagemens, & il n'y a que la Porte, par le droit qu'elle a de confirmer & de déposer leur Kam, qui puisse les contenir dans le devoir. En 1670. le Czar Alexis Michalewicz fit cependant un Traité avec le Kam de la petite Tartarie. Celui-ci s'engageoit à ne plus faire de course en Ukraine ni en Russie, à n'oublier aucun des titres du Czar en lui écrivant, & à ne donner aucun secours direct ni indirect à ses ennnemis. Le Czar à son tour promettoit d'envoyer tous les ans des présens au Kam, & de lui payer aussi tous les ans 60. mille impériaux. Je crois qu'il n'est pas nécessaire d'avertir mon Lecteur, que la Russie s'est affranchie depuis de ce tribut.

VENISE. LA PORTE.

Le Grand Seigneur cede toute la Morée à la République de Venise. *T. de Carl. entre les Vénitiens & la Porte, art.* I.

Les Vénitiens évacüeront Lépante. La partie du Château de Romélie qui regarde Lépante, sera démolie de même que la Forteresse de Prévésa. *T. de Carl. art.* 2.

Ils resteront en possession des Isles de Sainte Maure & de Leucate. Ils occuperont le Cap de Peraccia, mais sans pouvoir s'étendre dans la Terre Ferme. *T. de Carl. art. 3.*

Les Golfes de Lépante & d'Engia sont libres aux deux Puissances contractantes ; leurs sujets pourront y naviger & y commercer sans être inquietés, & elles ne donneront retraite dans ces Golfes à aucun Pirate. *T. de Carl. art. 5.*

Les sujets de la République de Venise ne payeront point dans les Isles de l'Archipel, le Karatche ni les autres impôts qui ont été créés pendant la guerre. Le Grand Seigneur consent à n'exiger dans l'avenir aucun tribut de la République pour l'Isle de Zante, & il lui donne celle d'Egina adjacente à la Morée. *T. de Carl. art. 6. & 7.*

Depuis la Forteresse de Chnin, sur les frontieres de la Croatie Autrichienne, jusqu'à celle de Verlica, de celle-ci à la Forteresse de Sing, de cette derniere à celle de Zaduaria, de celle-ci à Vergorax, & semblablement de Vergorax aux Forteresses de Ciclut & de Gabella, on tirera des lignes droites qui serviront de limites aux deux Puissances ; la République de Venise possédant tout le Territoire qui est compris entre ces lignes & la Mer. Le Territoire à une lieuë de distance de chaque Forteresse, appartiendra aussi aux Vénitiens. De même si dans les lignes qui servent de limites, il se rencontre quelque Forteresse qui appartienne au Grand Seigneur, on lui formera une Banlieuë en demi cercle prise en-delà des lignes, & elle s'étendra à une lieuë sur les Terres des Vénitiens. *Traité de Carl. art.* 8.

On levera tous les obstacles qui empêchoient la communication entre la République de Raguse, & les Terres du Grand Seigneur. *T. de Carl. art.* 9.

Les Forteresses de Castelnovo & de Risano près du Golfe de Cattaro, sont laissées aux Vénitiens. *T. de Carl. art.* 10.

Il est permis aux Contractans de réparer & d'augmenter les Forteresses qu'ils possedent, mais ils ne pourront

en conſtruire de nouvelles ſur leurs
frontieres. Chacun d'eux s'engage réciproquement à refuſer tout azile aux
ſujets fugitifs & rebelles de l'autre.
T. de Carl. art. 12. *&* 13.

Il eſt d'uſage entre les Princes
Chrétiens de ſe rendre à la paix tous
les priſonniers qu'ils ont faits pendant
la guerre ; & cet uſage eſt trop connu
pour que j'en aye fait un article exprès dans les pacifications dont j'ai
rendu compte. Il n'en eſt pas de même
avec les Turcs. La Porte quelquefois
ne rend qu'autant de priſonniers que
la Puiſſance avec qui elle traite lui en
renvoye ; ou bien elle ne donne la
liberté qu'à ceux qui n'ayant point
encore été vendus , appartiennent au
Grand Seigneur. Il eſt permis aux
autres de ſe racheter , & ſi leurs Maîtres exigent des rançons trop conſidérables , l'affaire eſt portée devant le
Juge ordinaire , ou au Divan qui en
décide.

RUSSIE. LA PORTE.

Le Czar Pierre I. ne fit à Carlo-witz qu'une Tréve de deux ans avec la Porte ; elle fut signée le 25. Decembre 1698. Ce Prince resta maître d'Asoff, dont il avoit considérablement augmenté les fortifications ; ses Sujets eurent la liberté de commercer sur les Terres du Grand Seigneur, qui s'engagea à ne plus permettre aux Tartares de faire des courses en Russie. Les Turcs ne sentirent l'importance de la Place qu'ils avoient cédée au Czar, que quand son Ambassadeur arriva au port de Constantinople, accompagné d'une escadre de Vaisseaux de guerre. La Porte comprit qu'elle avoit perdu l'Empire de la Mer noire, & que sa Capitale même n'étoit pas en sûreté. Elle prolongea cependant en 1700. la Tréve de Carlowitz, qui étoit prête à expirer. Le Czar lié avec le Roi Auguste de Pologne, & que ses projets contre la Suede occupoient entiérement, obtint tout ce qu'il voulut de la Porte, en promettant de ne plus avoir de Vaiſſeau de guerre ſur la Mer noire.

RELIGION.

Le Grand Seigneur renouvellera tous les Priviléges qu'il a accordés aux Catholiques Romains, qui vivent dans ſes Etats. Les Moines pourront réparer leurs Egliſes & faire leurs fonctions, ſans être ſujets à aucune avanie, ni payer aucun tribut. *T. de Carlowitz, entre la M. d'Au. & la Porte, art.* 13. *T. de Carl. entre la Pologne & la Porte, art.* 7.

PAIX DE PRUT.

Toute l'Europe avoit vu avec étonnement que les Turcs n'euſſent pas profité des ſuccès de Charles **XII.** pour rompre avec la Ruſſie ; & on ne penſoit pas qu'après la bataille de Pultova, ils oſaſſent attaquer un ennemi victorieux. Pierre le Grand **qui** connoiſſoit mieux la Porte, ſçavoit qu'on ne s'y conduit point par les maximes ordinaires de la politique ; que les intérêts de l'Etat y font toujours facrifiés à ceux des Miniftres, & qu'un caprice & une boutade décident fouvent de fes entreprifes. Ce Prince ne fe flata pas que fa victoire impofât au Grand Seigneur. Il fit tout ce que la prudence pouvoit lui infpirer pour prolonger une Tréve néceffaire à l'éxécution des projets qu'il avoit formés de faire des conquêtes fur la mer Baltique. Il répandit de l'argent dans le Divan ; & tandis qu'il ne négligeoit rien pour le corrompre, il faifoit les plus grands préparatifs de guerre fur le Tanaïs, dans le deffein d'intimider les Turcs, & de donner plus de poids aux raifons de fes Partifans ; ou de faire une vigoureufe défenfe, fi les Miniftres dévoüés à la Suede fe rendoient les maîtres des déliberations.

M. le Comte de Poniatouski fut affez adroit pour faire paffer jufques dans les mains du Sultan Achmet III. un Mémoire où il dévoiloit l'infidelité de fon

Visir & de ses principaux Officiers.
Leur disgrace ruina les esperances du
Czar, & le nouveau Visir, pour s'accre-
diter, lui déclara la guerre en 1710.
Charles XII. n'eut qu'une joye bien
courte ; le Lecteur se rappelle dans
quelle situation le Czar Pierre se trouva
réduit l'année suivante avec son armée
sur la riviere de Prut. La retraite lui
étoit coupée ; les vivres ne pouvoient
plus venir à son camp ; il falloit périr.
Dans cette conjoncture la femme de
Pierre entama une négociation avec le
Visir, ou plutôt elle lui offrit d'achet-
ter la Paix à un prix capable de tenter
son avarice ; le Traité fut signé le
21. Juillet 1711. Les conditions en
étoient mortifiantes, & le Czar échap-
pé du danger, ne se hâta pas de les
exécuter. La Porte toujours excitée
par Charles XII. au lieu d'en venir à
une rupture, fit des menaces ; elles
produisirent leur effet ; la Paix de Prut
fut confirmée par un second Traité,
signé à Constantinople le 16. Avril
1712.

La forteresse d'Asoff, avec son territoire & ſes dépendances, ſera rendue à la Porte dans le même état où elle étoit avant le ſiége. *T. de Prut. art.* 1.

Les fortereſſes de Saiganrock, de Kamenki, & le nouveau Fort élevé ſur la riviere de Samar, ſeront démolis, ſans qu'on puiſſe jamais les rétablir. Les munitions de guerre qui ſont dans la place de Kamenki, ſeront laiſſées à la Porte. *T. de Pr. art.* 2.

Le Czar ne demandera rien à la Pologne, il ſe contentera des ceſſions que cette Couronne lui a faites ſur la rive gauche du Boriſthene. *Voyez le troiſiéme Chapitre de cet Ouvrage.* Et il ne ſe mêlera en aucune façon des Coſaques qui ne lui ſont pas ſoumis. *T. de Conſtantinople, art.* 3. *T. de Pr. art.* 3.

Les Ruſſes pourront librement commercer dans tous les Etats du Grand Seigneur ; mais le Czar ne pourra point tenir d'Ambaſſadeur ordinaire à la Porte. *T. de Pr. art.* 4. *T. de Conſt. art.* 4. *& 6.*

On raſera tous les Forts qui ſont

conſtruits entre Aſoff, derniere place de l'Empire Ottoman , & le Château de Circaski , derniere place du Domaine du Czar. On ne pourra élever aucune nouvelle fortification entre ces deux Fortereſſes. Le Grand Seigneur ſera libre de rétablir celle qui eſt au-delà du Tanaïs, vis-à-vis Aſoff, & il aſſurera leur communication. *T. de Conſt. art. 4.*

Le Czar ne s'ingerera plus dans les affaires du Gouvernement Polonois. Il retirera les troupes qu'il tient en Pologne ; & déſormais il ne pourra y en faire rentrer, à moins que les Suedois ne paſſent ſur les terres de la République , pour porter la guerre dans la Ruſſie : en ce cas là même il ſera obligé d'évacuer la Pologne, dès que la Suede n'y aura plus d'armée. *T. de Conſt. art. 1.*

Les Traités de Prut & de Conſtantinople ſont faits pour 25. ans , à commencer du 16. Avril 1712. *T. de Conſt. art. 7.*

PAIX DE PASSAROWITZ.

La situation de l'Europe au commencement de ce siécle, a offert à la Porte l'occasion la plus favorable de se venger de ses ennemis, & de réparer ses pertes. Les victoires de Charles **XII.** répandoient une consternation générale dans le Nord, & toutes les Puissances du Midi s'étoient unies pour arracher au Duc d'Anjou la Succession de Charles **II.** De quelque côté que le Grand Seigneur eut porté la guerre, en Hongrie, ou en Russie, il étoit sûr du succès. Il trouvoit des Alliés tout faits dans la France, & dans la Suede ; ces deux Couronnes, en ne défendant que leurs intérêts, auroient combattu pour lui, & ses ennemis occupés d'une grande guerre, n'auroient pu lui opposer qu'une foible partie de leurs forces. La circonstance étoit d'autant plus heureuse, que la Hongrie remplie de mécontens n'étoit point encore accoutumés au joug, & que les Transilvains avoient essayé de le fecoüer, en fe donnant pour Prince François Rakotski.

On vient de voir que la Porte eut la malhabileté d'attendre que Charles XII. eut entiérement été défait à Pultova, pour rompre avec la Ruffie. Elle fit encore la même faute ; & ce ne fut qu'après la conclufion de la Paix d'Utrecht, & des Traités de Radftat & de Bade, que le Divan réfolut la guerre contre la République de Venife, & attira fur lui les forces de la Maifon d'Autriche. Les Armes Ottomanes furent malheureufes, & la Paix fut faite à Paffarowitz le 21. Juillet 1718. par la médiation de l'Angleterre & des Provinces-Unies.

MAISON D'AUTRICHE. LA PORTE.

La Porte céde à l'Empereur Themefvar & fon Bannat, de même que toute la partie de la Valaquie, qui s'étend jufqu'à l'Alauta. Cette riviere fervira de borne aux deux Empires de ce côté ; la navigation en fera libre aux deux Puiffances, & leurs Sujets pourront également y pêcher. *T. de Paſſarowitz, art.* I.

On établira les limites des deux Empires dix lieuës au deſſus de l'embouchure du Timoch, de ſorte qu'Iſperlecbanea, & tout ſon territoire reſtent au Grand Seigneur, & que l'Empereur ſoit maître de Reſſova. De-là tirant vers les montagnes de Parakin, la Ville de ce nom ſera cédée à l'Empereur, & la Porte conſervera Riſna. De cet endroit on tirera une ligne droite juſqu'à Iſtolaz ; on en formera une ſeconde d'Iſtolaz à Bedka, en paſſant entre Schabak & Bilarza ; enſuite contournant le territoire de Zokol, on ira par une ligne droite à Bellina ſur la Drinne. Le Grand Seigneur poſſédera tout ce qui ſe trouve à l'Orient de ces lignes ; tout le territoire qui eſt à l'Occident, appartiendra à la Maiſon d'Autriche. *T. de Paſſar. art.* 2.

La Save, depuis l'embouchure de l'Unna juſqu'à celle de la Drinne, eſt cédée à l'Empereur, de même que les Iſles de cette riviere, & tous les

Forts qui y font conftruits. *T. de Paff. art. 3.*

La Maifon d'Autriche poffédera fur la rive droite de l'Unna Jaffenowiz & Dobife ainfi que le Nouveau Novi, à l'occafion duquel il y eut des différends entre la Cour de Vienne & la Porte, lorfqu'en conféquence de la paix de Carlowitz, il fut queftion de fixer les limites des deux Puiffances dans la Croatie. *T. de Paff. art. 4. & 5.*

A l'égard des limites des deux Empires dans la partie de la Croatie qui eft voifine de la Morlaquie, chacun des Contractans retiendra les Places & le Territoire dont il eft en poffeffion. Ni l'un ni l'autre ne pourra élever de nouvelles For>tereffes, mais il lui eft permis de réparer, munir & même augmenter celles qu'il poffede actuellement. *T. de Paff. art. 6.*

Voyez plus haut les conventions arrêtées entre la Cour de Vienne & la Porte, par les articles 9. & 11. du Traité de Carlowitz : Elles font renouvellées dans les articles 9. & 14. du Traité de Paffarowitz.

Tous

Tous les prifonniers publics feront rendus fans rançon. Ceux qui ont été vendus à des particuliers pourront fe racheter. S'ils ne peuvent convenir avec leur Maître du prix de leur ra- chat, le Juge du lieu en décidera, & leur rendra leur liberté en les obli- geant feulement de rendre à leur Maî- tre ce qu'ils lui auront coûté. *T. de Paff. art.* 12.

Cette paix durera 24. ans. Le Kam de Crimée & toutes les autres Hordes des Tartares y font compris fous les mêmes conditions dont j'ai parlé plus haut. *T. de Paff. art.* 20.

VENISE. LA PORTE.

La Fortereffe d'Imofchi reftera aux Vénitiens, & la Morée aux Turcs. La République poffédera en Dalmatie & en Albanie Tifcovatz, Sternizza, Unifta, Proloch, Erxano & tous les autres lieux ouverts, fermés & forti- fiés, dont elle eft actuellement en poffeffion. On tirera une ligne droite de chacune de ces places à l'autre,

& tout le Territoire qui s'étendra de-là jufqu'à la Mer, appartiendra aux Vénitiens. Chaque Forterefſe aura une Banlieuë d'une lieuë priſe ſur les Terres de l'Empire Ottoman ou de la République, ſuivant la Puiſſance à laquelle elle appartiendra. *Traité de Paſſ. art.* 1.

Les Vénitiens feront mis en poſ-feſſion de l'Iſle de Cerigo dans l'Ar-chipel, & ils conſerveront Butrinto, Prevefa & Voniza. *T. de Paſſ. art.* 3. *&* 4.

On préviendra avec ſoin tout ce qui pourroit cauſer quelque rupture entre les Contractans. On punira tous les vols, violences & brigandages qui ſe commettront ſur leurs frontieres reſpectives. Si les Commiſſaires qui y réſideront, ne peuvent s'accorder ſur quelque différend, on le ſoumettra à l'arbitrage des Miniſtres que la Maiſon d'Autriche, l'Angleterre & les Pro-vinces-Unies tiennent à la Porte. *T. de Paſſ. art.* 8.

Les Contractans pourront rétablir, réparer & munir les Forterefſes qu'ils possédent actuellement, mais il ne leur est pas libre d'en construire de nouvelles. La Porte s'engage à ne point relever les Forts qui ont été démolis par les Venitiens, & ceux-ci éleveront sur les côtes de la mer toutes les fortifications qu'ils jugeront nécessaires à la sûreté du pays. *T. de Pass. art.* 12.

RAGUSE.

Le neuviéme article du Traité de Carlowitz, entre la Porte & la République de Venise, sera exécuté selon sa forme & teneur. Pour ne point couper la communication de la République de Raguse, avec les Domaines du Grand Seigneur, les Venitiens évacueront Popovo, Zarine, Ottovo, Subzi & les autres lieux voisins. On laissera aussi une libre communication entre les terres de la Porte & de Raguse du côté de la forteresse de Risana. *T. de Pass. art.* 2.

Religion.

Les Catholiques Romains joüiront dans toute l'étendue de l'Empire Ottoman, de tous les Priviléges anciens qui leur ont été accordés. Ils s'assembleront dans leurs Eglises, les répareront, & même pourront les rebâtir sans qu'on éxige d'eux aucune contribution pécuniaire, ni qu'on les gêne dans l'exercice de leur culte. *T. de Paſſ. entre la M. d'Au. & la Porte, art.* 11. *T. de Paſſ. entre la R. de Ven. & la Porte, art.* 10.

Les Sujets de la Maiſon d'Autriche ne feront point moleſtés en paſſant ſur les Domaines du Grand Seigneur, pour aller en pélerinage dans les ſaints Lieux. *T. de Com. de Paſſ. art.* 13.

Paix de Belgrade.

Le Lecteur doit ſe rappeller qu'étant queſtion en 1733. de nommer un Succeſſeur à Auguſte II. qui venoit de mourir, la Cour de Ruſſie fit entrer dans le Royaume de Pologne une armée confiderable, pour appuyer les demandes & les créatures de l'Electeur de Saxe. La Porte regarda cette démarche comme une contravention formelle au Traité de Conftantinople du 16 Avril 1712. elle s'en plaignit, mais par une politique inconcevable, ne voulant ni en venir à une rupture ouverte, ni demeurer fans vengeance, elle permit aux Tartares de faire des courfes dans l'Ukraine. La Czarine plus prudente, diffimula cette injure jufqu'au moment qu'elle put en tirer raifon. Dès que cette Princeffe vit la paix rétablie entre la France & la Cour de Vienne, elle fit à fon tour des plaintes, & n'étant point écoutée, elle déclara la guerre au Grand Seigneur. L'Empereur Charles VI. qui n'avoit encore fait aucune réforme dans fes Troupes, fe hâta de les faire paffer en Hongrie pour affoiblir les Turcs, en les contraignant de partager leurs forces.

Les Ruffes eurent des fuccès, mais les Autrichiens ruinés, fans s'être presque présentés devant l'ennemi, se trouverent hors d'état de s'opposer aux entreprises des Infidelles. Le Danube n'étoit plus une barriére capable de les arrêter ; dans ces circonstances le Roi de France vint au secours de l'Empereur, en lui offrant ses bons offices & sa médiation. Le Comte de Wallis entra aussi-tôt en conférence avec le Grand Visir, & le Comte de Neuperg, chargé de suivre cette négociation, signa la Paix dans le Camp des Turcs, sous Belgrade.

On apprit à la fois cette importante nouvelle, & que l'Empereur avoit fait arrêter & enfermer ses Plénipotentiaires. Un évenement si peu attendu, fit craindre pour les conventions de Belgrade ; on crut d'abord que Charles VI. refuseroit de les ratifier, mais ce Prince rassura les esprits par le Rescript qu'il fit publier, & dans lequel il déclaroit son dessein d'observer religieusement tous les articles de la Paix, quoiqu'il punit le Comte de Wallis & le Comte de Neuperg pour avoir eu la témérité d'étendre leurs pouvoirs, & de contrevenir même aux ordres qui leur avoient été formellement donnés.

J'amais écrit n'a peut-être prêté un plus vaste champ aux réflexions du public. Plus les plaintes de la Cour de Vienne étoient graves, moins les deux Généraux qu'elle avoit fait arrêter, sembloient avoir besoin d'apologie. On ne concevoit point que Messieurs de Wallis & de Neuperg, eussent trahi leur devoir d'une façon si grossiére, sans avoir songé à se mettre à l'abri du châtiment qu'ils méritoient : les uns plaignoient leur malheur, les autres blâmoient la trop grande clémence de l'Empereur. Ceux-ci ne pensoient pas que les affaires de la Cour de Vienne fussent assés désespérées pour la forcer d'acheter la paix à des conditions aussi dures que celles de Belgrade ; ceux-là voyoient déja les Turcs sur la Frontiére de l'Autriche, & regardoient l'abandon de quelques Provinces, comme le salut du reste de la Hongrie. Enfin on soupçonnoit le Conseil de

Vienne d'avoir voulu une paix néceſſaire, mais d'en ſacrifier les Miniſtres à ſa réputation, & pour ſe juſ-
tifier devant la Czarine qu'on abandonnoit.

Cette Princeſſe qui craignit de
voir retomber ſur elle les Troupes
Ottomanes qui avoient fait la guerre
ſur le Danube, ſe prêta d'autant plus
volontiers à des propoſitions d'accommodement, qu'elle pouvoit ſe
flater de faire une paix glorieuſe ;
elle fut conclue ſous la médiation de
la France, un mois après celle de
l'Empereur, c'eſt-à-dire, le 9. Octobre 1739.

MAISON D'AUTRICHE. LA PORTE.

L'Empereur cede Belgrade au
Grand Seigneur, mais toutes les Fortifications de cette Place ſeront démolies, en y comprenant les ouvrages élevés ſur les rives gauches du
Danube & de la Save. La Porte conſervera les Arſenaux, les Caſernes &
les Magaſins à poudre, & il ne ſera
point

point touché aux autres édifices publics ou particuliers. Le Grand Seigneur entrera encore en possession de la Forteresse de Sabatsch, après qu'on en aura fait sauter les Fortifications. *T. de Bel. art.* 1. & 3.

La Valaquie Autrichienne, où l'on rasera le Fort de Perisoham, passera sous la domination Ottomane, de même que la Servie & toute la partie du Bannat de Themeswar qui s'étend du Danube jusqu'aux Montagnes qui sont au Nord de cette Province, & depuis les Frontieres Occidentales de la Valaquie, jusqu'au Zerna qui se jette dans le Danube, vis-à-vis de Semendria. Il est arrêté que si les Turcs peuvent détourner le cours de ce ruisseau & le faire passer à l'Oüest d'Orsova, cette Place appartiendra au Grand Seigneur ; mais on ne leur donne qu'un an, à compter du jour de la signature du Traité, pour consommer cet ouvrage. *T. de Bel. art.* 2. 4. & 5.

L'Empereur conservera Meadia, en s'obligeant d'en détruire les Fortifications & de ne les jamais rétablir. Il ne sera permis à aucun des deux contractans de bâtir de nouvelles Forteresses, mais l'un & l'autre pourra réparer celles qu'il posséde actuellement. *T. de Bel. art. 9.*

Le Danube depuis l'embouchure du Zerna, en remontant jusqu'à celle de la Save, & cette riviere, depuis Belgrade jusqu'à Wivar, serviront de Limites aux deux Puissances, & leurs Sujets auront une égale liberté d'y pêcher, naviger & commercer. Les Frontieres Autrichienne & Ottomane resteront les mêmes que par le passé, dans la Bosnie & dans la Croatie, la Cour de Vienne & la Porte s'en tenant à cet égard aux Articles dont elles sont convenues par la Paix de Passarowitz. *T. de Bel. art. 7. & 8.*

Le Traité de Belgrade contient encore plusieurs autres Articles. Dans les uns on rappelle le Traité de Commerce de Passarowitz, & l'on convient de la Police qui sera observée sur les Frontieres respectives des deux

Empires, pour y entretenir la Paix ;
dans les autres on régle les privileges
dont les Catholiques Romains & les
Sujets de la Maison d'Autriche joüiront sur les Domaines du Grand Seigneur. Je ne m'arrête pas à ces conventions ; elles ne contiennent que
ce qu'on a déja vu quand j'ai rendu
compte des Traités de Carlowitz &
de Paffarowitz.

RUSSIE. LA PORTE.

Dans tous les Actes que la Cour
de Ruffie & la Porte pafferont enfemble, le Grand Seigneur donnera
à Sa Majefté Czarienne le titre d'Empereur. *T. de Belgrade, art.* 12. *Convention de Conftantinople du 8. Septembre 1741. art.* 1. Cet Article eft
regardé comme bien plus important
à Conftantinople, que dans le refte
de l'Europe : tout le monde fçait la
différence que les Turcs imaginent
entre la qualité d'Empereur & celle
de Roi. Jufqu'à Pierre I. les Souverains de Ruffie n'avoient porté que le

titre de Czar ou de Grand Duc de Moſcovie. En 1721. les Ruſſes donnerent eux-mêmes à ce Prince, le nom de Pere de la Patrie & d'Empereur de toutes les Ruſſies. Aux yeux des Philoſophes les titres ne ſont que des chiméres ; aux yeux de la multitude & des politiques qui la gouvernent, ce ſont des biens réels. Pierre I. ne ſe qualifia donc plus que d'Empereur, & ſes Succeſſeurs ſont même parvenus à ſe faire reconnoître pour tels preſque par toutes les Puiſſances de l'Europe. A voir combien les hommes ſont les dupes des mots, je croirois que le titre que les Souverains de Ruſſie ſe ſont attribué, eſt pour eux un avantage réel. Dans de certaines circonſtances, il peut devenir le germe de mille prétentions ; quoiqu'on ait eu ſoin d'éxiger des Empereurs de Ruſſie qu'ils n'infereroient de leur qualité aucun droit, aucune prérogative ni aucune prééminence ſur les autres Souverains de l'Europe.

La Cour de Peterſbourg retiendra Aſoff dont elle s'eſt emparée, mais on en démolira toutes les Fortifications. *T. de Bel. art.* 1. *Convention de Constantinople, art.* 3. Lorsque cette Convention fut signée en 1741. les ouvrages d'Asoff subsistoient encore. Il en coûtoit à la Russie de dementeler cette Place qui lui donnoit l'empire de la Mer Noire. Elle trouvoit tous les jours quelque prétexte nouveau pour éluder l'execution de ses promesses, & les demandes de la Porte. Ses lenteurs étoient approuvées par le Conseil de Vienne, qui se flatant de pouvoir reparer ses pertes si on reprenoit les armes contre la Porte, étoit bien aise de voir subsister une cause de rupture, & qu'une paix qui lui étoit désagréable, ne fut point consommée. Bientôt la Cour de Petersbourg eut lieu de se repentir de sa politique, la mort de Charles VI. & de l'Imperatrice Anne Iwanowna, changea entierement la situation des affaires. Les Russes ne purent plus se parer de la consideration que leur donnoit l'alliance de la Maison d'Autriche, pour imposer aux Turcs; car

la Reine de Hongrie occupée dans le
fein de l'Allemagne, ne devoit pas
fonger à fe faire de nouveaux ennemis. D'ailleurs ils étoient eux mêmes
menacés d'une guerre de la part de la
Suede, & ils craignirent que cette Puiffance ne portât le Grand Seigneur à ne
plus demander l'exécution du Traité
de Belgrade, mais à fe venger par la
voye des armes des refus qu'il avoit
éprouvés jufqu'alors. Heureufement
pour la Ruffie le Grand Vifir n'avoit
aucun interêt de fouhaiter la guerre.
Le Comte de Romanzoff figna la
Convention que je viens de citer, &
qui confirme tous les Articles de la
Paix de Belgrade.

Il eft permis à chacun des Contractans de fortifier une Place fur le
Tanaïs. Les Ruffes renoncent à la
liberté d'avoir des vaiffeaux dans la
Mer Noire. *T. de Bel. art.* 1. *& 2.*

Le Grand Seigneur défendra aux
Tartares de faire des courfes fur les
Domaines de la Ruffie; s'ils contre-
viennent à cet ordre, ils feront feve-
rement punis après avoir été forcés à

réparer les dommages qu'ils auront commis. Les Tartares de Cubardie ne dépendront ni de la Porte, ni de la Cour de Peterſbourg. *T. de Bel. art.* 4. *&* 6.

Les deux Puiſſances contractantes ſe rendront de bonne foi tous les priſonniers qu'elles ont faits l'une ſur l'autre, à l'exception de ceux qui auront changé de Religion. Les priſonniers qui ont été vendus à des particuliers, ſeront les maîtres de ſe racheter, en rendant à leurs Maîtres le prix de leur achat. *T. de Bel. art.* 7. *Convention de Conſtantinople, art.* 2.

Fin du Tome premier.

www.ingramcontent.com/pod-product-compliance
Lightning Source LLC
LaVergne TN
LVHW011229170726
843501LV00002B/422